Titre : STOP au TABAC grâce à l'hypnose et l'autohypnose.
Sous-titre : Le livre qui soigne.

Dr Robert Larsonneur

Enseignant expert en hypnose

Le livre qui soigne.
Ce livre est avant tout une méthode.

Mon défi a été d'écrire un ouvrage court — pas facile tant il y a de sujets à aborder et de techniques à développer. Je souhaitais que vous puissiez le lire plusieurs fois si nécessaire.
*Certaines personnes **arrêteront de fumer dès la première lecture**, quelques-uns auront besoin d'une deuxième.*
Si, après avoir cessé de fumer, vous rechutez, relisez-le... tout simplement.

Ce livre ne nécessite aucune connaissance.

Les scripts et séances d'hypnose sont offerts avec le livre. L'écoute renforce le livre, ils ne sont cependant pas indispensables.

Si quelqu'un désire la santé, il faut d'abord lui demander
s'il est prêt à supprimer les causes* de sa maladie.
Alors seulement, il est possible de l'aider.
Hippocrate (-460 -377)

** Le tabac est la cause d'un nombre considérable de maladies.*

Stop au tabac grâce à l'hypnose et autohypnose. - Docteur Robert Larsonneur.

« Je fus le témoin des étonnantes expériences de Bernheim sur ses malades à l'hôpital et c'est là que je reçus les plus fortes impressions relatives à la possibilité de puissants processus psychiques demeurés cependant cachés à la conscience de l'homme ».
Sigmund Freud (1856-1939) — À propos de l'HYPNOSE.

« L'hypnose est le domaine de l'imagination créatrice. »
Robert Larsonneur

Un de mes patients a rêvé
qu'on l'avait assommé avec un cendrier.

ISBN : 978-2-488227-02-5

Stop au tabac grâce à l'hypnose et autohypnose. - Docteur Robert Larsonneur.

« Je dédie ce livre à <u>tous les fumeurs</u> qui l'utiliseront en autohypnose pour se libérer, il est construit pour cela.

Je dédie ce livre à <u>tous les hypnothérapeutes</u> qui trouveront une source d'inspiration pour leurs séances.

Je dédie ce livre à tous mes stagiaires, passés, présents et futurs, dont un très grand nombre sont devenus des hypnothérapeutes.

Je dédie ce livre aux formateurs et aux enseignants en HYPNOSE ».

« À Noémie et à Wendy qui éblouissent
chacune de mes journées »

« À Éléna et Joséphine »

SOMMAIRE.

Avant-propos 11

Introduction 13

Première partie : Tabagisme — Généralités 15
1. Arrêt du tabac sous hypnose 17

2. Les informations indispensables 19

Deuxième partie : Les scripts 23
1. La posture — Le script 1 25

2. Inductions et auto-inductions hypnotiques 29

    1) Induction script 29

    2) Autohypnose 31

3. Le Bodyscan — Le script 2 35

4. Truismes et Yes set, un bon début 41

5. Dialogue avec vos organes — Le script 3 43

6. Technique du dégoût — Le script 4 47

7. Le prix exorbitant du tabac — Le script 5 51

8. Le tabac une plante carnivore — Le script 6 55

9. Tabac et grossesse — Le script 7 59

10. La beauté du monde — Le script 8 65

11. La fierté de réussir — Le script 9 71

12. La technique du mentor — Le script 10 75

13. Le papa fumeur qui voulait être un exemple — Le script 11 79

Troisième partie : Annexe 85
1. Qu'est-ce que l'hypnose ? 87

2. Les différentes étapes d'une séance 88

3. Les suggestions 89

4. L'hypnose conversationnelle 92

5. La méthode Coué 93

6. Les effets secondaires de l'arrêt du tabac 95

DU MÊME AUTEUR 99

~

Avant-propos.

« Si tu n'as pas appris ce que tu sais
pour le mettre en œuvre, pourquoi l'as-tu appris ? »
Épictète (50 - 125).

Ce livre est un livre qui soigne... et qui guérit.

Je suis tenté de commencer, une fois n'est pas coutume, en disant ce que cet ouvrage n'est pas — il n'est pas un livre d'information sur l'hypnose et ses techniques, **c'est un livre thérapeute**, il a vocation à produire du changement et là, en l'occurrence à permettre d'arrêter de fumer. Lisez ce livre et tout particulièrement les scripts plusieurs fois. Pour changer, nous avons besoin de répétitions. Cet ouvrage vous plonge dans l'hypnose sous forme de **scripts**, et d'**hypnose conversationnelle**.

Pour décupler l'efficacité de ce livre, je vous invite à vous rendre sur ma chaîne YouTube, il vous suffit de scanner les QR codes et quelques secondes vous accéderez à des **vidéos**.

QR code de la chaîne YouTube.

Pour accéder au script en vidéo.
<u>Scanner le QR code.</u>
Ce script lu par l'auteur fonctionne comme
une vraie séance d'hypnose.

Nous vous recommandons de <u>vous abonner à la chaîne</u> YouTube
pour être informé des modifications et des nouvelles vidéos.

~

Introduction.

« Nous sommes gouvernés par des forces inconscientes. »

L'hypnose est la **voie royale d'accès à l'inconscient**. Le conscient et l'inconscient n'obéissent pas aux mêmes règles, ils ne communiquent pas de la même manière. Lorsque <u>votre conscient</u> traduit « **N'ayez pas peur** » <u>par</u> « **Soyez serein** », <u>votre inconscient</u> **entend le mot « peur »** et se met en alerte. <u>Parler à l'inconscient, c'est apprendre une nouvelle langue.</u>

Le conscient comprend la grammaire, l'inconscient entend les mots et les traduits en images puis en émotions.

L'un et l'autre ont des fonctions différentes. Si votre conscient vous ordonne, pour de multiples raisons d'arrêter de fumer, c'est plus fort que vous, vous continuez. Est-ce à dire que votre inconscient ne prend pas soin de vous ? ça n'est pas le cas.

Alors que votre conscient pense à votre santé, votre inconscient veut que vous éprouviez du plaisir, ou tout au moins pas de déplaisir ; finalement il veut, lui aussi, du bien pour vous.

Votre conscient peut penser à vous sur le long terme, alors que votre inconscient est dans l'immédiateté.

~

Première partie.
Tabagisme — Généralités.

« L'hypnose conversationnelle
commence maintenant. »

1. Arrêt du tabac sous hypnose.

Vous êtes impatient de commencer le travail hypnotique — soyez rassuré, nous avons déjà commencé.

Ce livre parle à votre inconscient,
sa simple lecture va vous faire cesser de fumer.

Il n'est pas nécessaire de mettre un patient en transe hypnotique pour adresser des messages à son inconscient — **ces messages s'appellent des suggestions** — il n'est pas obligatoire d'être en transe hypnotique pour que votre inconscient entende les suggestions. Tous les jours votre inconscient prend des décisions alors que vous n'êtes pas en transe hypnotique.

Si vous êtes fumeur, lisez attentivement ce chapitre, il fonctionne **comme une séance d'autohypnose.** Vous n'avez rien à faire seulement... le lire... n'essayez pas de comprendre comment cela fonctionne, vous le découvrirez avec l'**hypnose conversationnelle.**

Fumer est une addiction.

Libérez-vous !

Le tabac est une addiction forte aux conséquences extrêmement graves. Il n'est pas facile de se débarrasser de cette addiction.

Déculpabiliser.
La pire des choses est de culpabiliser un fumeur, **c'est une victime.**
Il est agressé par cette plante qu'est le tabac, c'est une plante venimeuse
ou carnivore comme vous voulez. Comment appeler autrement une
plante qui tue, chaque année, 70 000 personnes en france et le plus
souvent dans de grandes souffrances — sans compter les personnes
qui n'en meurent pas, mais vivent diminuées ?

Certains fumeurs diront :
*— J'ai honte de ne pas parvenir à m'arrêter ! Quand je vois toutes
les personnes qui se sont arrêtées autour de moi, et certaines par la
volonté. J'ai tout essayé sans y parvenir.*

Parfois, la personne ne formule pas cette « honte »... mais elle est là.

La première chose à faire est de déculpabiliser.
Ne dites pas : « Vous <u>n'avez pas</u> à avoir **honte** parce que... ».
Dans cette phrase, vous prononcez le mot « honte », et c'est ce que
l'inconscient perçoit.

Nous ne sommes pas tous égaux devant l'addiction tabagique.
Pour certaines personnes, il est plus facile de s'arrêter que pour
d'autres, tout se passe au niveau du cerveau... ça n'est pas une
question de volonté.

<u>**Le tabagisme est une maladie**</u>... tout comme le cancer, l'alcoolisme,
l'obésité. Peut-on dire à une personne qu'elle a eu **la volonté de ne pas
attraper** un cancer ? C'est absurde.

*J'ai un ami qui vivait dans une ambiance de fumeurs — une de ses
sœurs lui a même offert un paquet de cigarettes à Noël et sa mère
lui a offert une pipe à son anniversaire. Il a essayé de fumer (vous
avez bien lu !)... il n'a pas aimé, là où d'autres deviennent dépendants
dès la première cigarette.*

Une chose est certaine, <u>nous pouvons tous arrêter</u>.

Bon nombre de mes patients ont tout essayé avant de s'arrêter définitivement.

Déculpabilisez et donnez de l'espoir.

~

2. Les informations indispensables.

Vous devez avoir certaines informations sur le tabagisme, elles peuvent vous être utiles à un moment ou à un autre.

Si vous êtes praticien, souvenez-vous que vous devez toujours être dans le bon camp, celui de la personne qui consulte, <u>elle a besoin de vous</u>.

Ne jugez pas, n'entrez surtout pas dans une contre-argumentation, elle ne débouchera le plus souvent sur rien.

Vous trouverez toujours des personnes qui vous diront que le tabac rapporte à l'état — c'est vrai, mais ça coûte environ dix fois plus que ça ne rapporte — inutile de le dire — la personne vous contredira, on appelle cela la rationalisation explicative.

Les fumeurs, victimes du tabac et de la vindicte populaire, ont, au fil du temps, affûté leurs arguments.

Il faut bien mourir de quelque chose — c'est vrai, mais certaines personnes s'éteignent paisiblement dans leur lit, alors que d'autres vivent la fin de leur vie, déjà plus courte, comme un véritable calvaire... c'est la double peine.

L'incroyable nocivité du tabac.
a) <u>Des milliers de composants</u>.
Les très nombreux composants du tabac sont extrêmement nocifs.
On retrouve évidemment la nicotine pour son rôle dans l'addiction et aussi les goudrons... et tous les autres composants (environ 2 500), qui, dès qu'ils sont brûlés, constituent **un aérosol** de plus de **4 000 substances** dont un grand nombre sont toxiques.

Imaginez l'effet produit sur les poumons par un insecticide brûlé. Il existe même des insecticides/pesticides à base de tabac.

Le tabagisme passif.
L'aérosol ultra nocif est respiré par les non-fumeurs.

b) <u>La nicotine.</u>
Elle agit en quelques secondes sur le cerveau, en général 10 à 20 secondes après l'inhalation.
La nicotine stimule les récepteurs de l'acétylcholine dits « de type nicotinique ». Elle trompe le cerveau.
L'effet stimulant serait dû à l'action de la nicotine sur le locus cœruleus impliqué dans le contrôle de l'éveil. La nicotine va stimuler le circuit de la récompense et va déclencher la sécrétion de dopamine.
Elle stimule également la production d'adrénaline, mais cette action serait de courte durée.

c) <u>L'effet coupe-faim.</u>
Il serait la conséquence de l'action de la nicotine au niveau de l'hypothalamus.
La nicotine augmente en particulier la pression artérielle et accélère le rythme cardiaque en stimulant les glandes surrénales... cela fait beaucoup pour une seule substance.

d) <u>Le tabac provoque de nombreuses pathologies, dont des cancers.</u>

Un cancer sur trois est lié au tabac.

• Au niveau de la sphère ORL.
Bouche : cancers de la langue, des gencives, de la gorge.
• Au niveau pulmonaire.
Bronchites chroniques, cancer du poumon.
• Au niveau du système urinaire.
Cancer des reins, de la vessie.
• Action sur le système cardio-vasculaire.
 Infarctus du myocarde.
• Vieillissement.
Vieillissement accéléré, notamment au niveau de la peau.

e) <u>Du côté des neurosciences.</u>

• <u>La dopamine</u>.
Sans trop rentrer dans les détails, le circuit de la récompense va être activé avec production par l'ATV (Aire Tegmentale Ventrale) de dopamine, le neurotransmetteur du plaisir. Dès que le cerveau du fumeur en est privé, la personne doit à nouveau fumer pour retrouver son taux de dopamine (d'où la dépendance).

Il est à noter que nombre de fumeurs n'éprouvent pas de plaisir à fumer, ils fument **pour éviter le déplaisir**... à savoir le manque.

• <u>La souffrance du sevrage tabagique.</u>
Des études* ont montré que, lorsque des fumeurs arrêtent de fumer, on constate, dans les 12 heures qui suivent, une <u>baisse de 17 % du flux sanguin</u>... donc une sous-oxygénation. Les auteurs assimilent cette souffrance à une démence.
Il faudrait des semaines, voire des mois pour que le cerveau d'un fumeur retrouve un taux d'oxygénation normal.

Études réalisées par le professeur Albert Gjedde, chercheur en neurosciences à l'université de Copenhague, parues dans le « Journal of Cerebral Blood Flow and Metabolism ».

f) <u>Conclusion.</u>

La plupart des fumeurs souhaitent arrêter de fumer, mais n'y parviennent pas. Ils sont conscients de l'impact du tabac sur leur santé. Ils ne méritent pas la condamnation de la société et encore moins la surenchère argumentative concernant l'arrêt du tabac.

« Vous avez tout à fait raison... de votre point de vue ».
Paul Watzlawick.

Le tabagisme est une maladie.
Arrêter de fumer est extrêmement difficile, c'est une épreuve, le fumeur mérite votre empathie.

Aider une personne à arrêter de fumer, c'est sauver sa santé et lui éviter le plus souvent une mort extrêmement douloureuse et pénible.

~

Stop au tabac grâce à l'hypnose et autohypnose. - Docteur Robert Larsonneur.

Deuxième partie : les scripts.

Parler le langage de l'inconscient, c'est utiliser un langage imagé d'où la force des métaphores.

Pour vous en imprégner, lisez 2 ou 3 fois le script avant de l'écouter.
ICI, QR code vers la chaîne YouTube
Pour accéder au script en vidéo.
Scanner le QR code.
Ce script lu par l'auteur fonctionne comme une vraie séance d'hypnose.

Nous vous recommandons de vous abonner à la chaîne YouTube pour être informé des modifications et des nouvelles vidéos.

• <u>Pour accéder aux scripts</u> sur ma chaîne YouTube, il vous suffit de **scanner le QR code**... <u>un QR code par script</u>, <u>un QR code par séance d'hypnose</u>.

• Je vous recommande de <u>vous abonner</u> à la chaîne YouTube pour être <u>informé de la publication des prochaines vidéos, dont certaines sur le même sujet</u>.

• Vos likes sont une source de motivation — Merci.

• <u>Vous souhaitez arrêter de fumer</u>, les scripts sont là pour vous.

• <u>Vous êtes hypnopraticien ou étudiant en hypnose</u>, les scripts expliqués sont pour vous.

• <u>Associez les scripts</u> entre eux.

• Pour les hypnothérapeutes : avec l'expérience et une bonne culture générale, vous pourrez créer vos propres scripts « en direct » face au patient.

~

Stop au tabac grâce à l'hypnose et autohypnose. - Docteur Robert Larsonneur.

1. La posture — Le script 1.

1) La posture — <u>Généralités</u>.

Avec la posture, nous sommes déjà dans l'induction hypnotique. Le but de cette première partie est de produire dans le cerveau de la sérotonine qui est le neurotransmetteur de la sérénité. Un cerveau anxieux n'est pas ouvert au changement.

Je recommande la position assise, idéalement dans un fauteuil avec accoudoir, l'hypnose n'est pas du sommeil, elle n'est pas non plus de la sophrologie et encore moins de la psychanalyse. Cela étant dit, je ne serai pas dogmatique, si vous êtes plus à l'aise allongé... allez-y !

2) La posture — <u>Le script 1</u>.

Idéalement, munissez-vous d'un casque audio.

> *Pour vous en imprégner, lisez 2 ou 3 fois le script avant de l'écouter.*
>
> Pour accéder au script en vidéo,
> **<u>scanner le QR code</u>.**
> 
> Ce script lu par l'auteur fonctionne comme une vraie séance d'hypnose.
>
> *Nous vous recommandons de <u>vous abonner à la chaîne</u> YouTube pour être informé des modifications et des nouvelles vidéos.*

Je vous propose (1) (5) de vous installer confortablement, de prendre une bonne respiration, ample et calme (3) ; de poser les pieds bien à plat sur le sol ; de maintenir votre colonne vertébrale bien dans son axe. Votre cage thoracique est bien déployée pour favoriser une respiration calme (3), tranquille (3) et ample.

Maintenez (2) une bonne tonicité des muscles de votre cou pour bien maintenir votre tête. Vous pouvez (5), si vous le voulez (1) (5), mettre les mains bien à plat sur les jambes, les paumes délicatement posées. Vous pouvez (1) (5) également appuyer votre dos sur le dossier de la chaise.

Vous n'avez rien à faire (4), juste à être là, juste à écouter le son de ma voix qui vous accompagne dans un travail particulier (7).

Il est possible qu'une sensation de confort (3) et de bien-être apparaisse, dès maintenant, dans quelques instants ou plus tard (7) « Laissez-la s'installer à votre rythme, acceptez-la. N'essayez pas de vous relaxer (3), n'essayez pas de ralentir votre respiration, ne faites rien (4) — vous avez juste à être là ».

Votre esprit est totalement libre (6), vous pouvez simplement m'écouter (8) ou ne pas m'écouter (8) et tout simplement penser à ce dont vous avez envie.

Il est possible que des pensées ou des images apparaissent, accueillez-les (6), quelles qu'elles soient. Votre inconscient (4) sait ce qui est bien pour vous, même si votre conscient les reçoit, votre inconscient peut décider (6) de faire tout autre chose.

3) La posture — <u>Explication du script</u>.

(1) Demande faussement permissive, il s'agit d'une suggestion directive cachée. Lorsque je dis : « je vous propose », le sujet en général accepte et pense avoir gardé son libre arbitre. En réalité, il n'a pas trop le choix... mais il ne le sait pas.

C'est comme lorsque vous dites : *« Pouvez-vous me passer le sel s'il vous plaît ? »*, vous êtes certain de l'obtenir en tout cas beaucoup plus que si vous aviez dit : *« Passez-moi le sel ! »*.

Si d'aventure le sujet refuse de prendre la position que je lui préconise, je n'insiste pas, au contraire, je vais aller dans son sens en disant :

— Oui, si c'est bien pour vous, ça me va tout à fait.

Ce qui suggère à son inconscient que résister ne sert à rien.

Je préfère qu'il exprime sa résistance sur la posture plutôt que sur autre chose. Je ne contredis jamais un sujet au même titre que lorsque je fais du rafting, je ne rame jamais à contre-courant... trop fatigant et dangereux... je vais dans le sens du courant qui me rend bien service... quitte à ramer à droite ou à gauche pour aller vers la bonne rive... nous verrons où le courant nous portera.

Si un sujet veut résister, je vais utiliser la ruse pour lui permettre d'être résistant sur un point qui n'est pas important pour la séance. Milton Erickson utilisait la ruse, selon son ami Grégory Bateson « Milton Erickson était le Mozart » de la communication.

(2) La permissivité ne m'empêche pas d'être parfois directif.

(3) Je vais parsemer le discours de mots relaxants : calme, confortable, et parfois comme ici sans imposer.

(4) La peur d'échouer. Le sujet pourrait craindre de ne pas « réussir » la séance, je vais donc le rassurer par des mots et expressions : simple, vous n'avez rien à faire, juste à être là. Certaines personnes s'inquiètent de certaines pensées ou images qui s'imposent malgré elles. Elles craignent que cela vienne gâcher la séance : *« Des images peuvent apparaître, acceptez-les, tout simplement, quelles qu'elles soient, nous travaillons à un autre niveau. »*

(5) Je n'impose rien (en apparence) : vous pouvez laisser...

(6) Préparation de l'esprit. Favoriser l'acceptation par une série d'évidences (truismes) : alors que vous êtes là... en face de moi... et que vous écoutez le son de ma voix... qui vous accompagne dans un travail particulier... Suivi d'une suggestion moins évidente...
(7) On évite les résistances : « maintenant, dans quelques instants ou plus tard » — on a forcément raison.
(8) Nous utilisons beaucoup les répétitions — J'ai prononcé deux fois le verbe écouter.

~

Stop au tabac grâce à l'hypnose et autohypnose. - Docteur Robert Larsonneur.

2. Inductions et auto-inductions hypnotiques.

L'induction est une procédure qui permet de mettre le sujet en fonctionnement hypnotique.

Elle permettra de « séparer* » l'inconscient du conscient, le corps de l'esprit, grâce à un détournement de l'attention du conscient. Elle permet à l'individu d'avoir accès à ses ressources.

Il s'agit également d'ouvrir l'inconscient à des propositions nouvelles.

Le conscient peut continuer à entendre des bruits extérieurs (L'hypnose n'est pas une anesthésie), mais l'inconscient, lui, se centre tout autre chose, il devient autonome.

— Vous pouvez (sous-entendu le conscient) m'écouter ou ne pas m'écouter ou penser à autre chose, le son de ma voix parvient à votre inconscient.

Le sujet va se centrer sur ses processus internes (cénesthésie), ses sensations et émotions, souvenirs et besoins...
Cette phase de début peut être plus ou moins longue suivant le sujet et surtout suivant l'approche hypnotique.

Milton Erickson a souligné en 1952 la différence entre l'induction hypnotique (étape 5 de notre protocole) et l'utilisation de la transe que nous appelons phase de travail (étape 6 du protocole d'une séance d'hypnose).

L'induction a également pour but de préparer** l'inconscient pour que nous y semions des suggestions... au même titre que le jardinier prépare sa terre avant de semer.

* Il s'agit surtout de mettre en sommeil le conscient, d'où l'impression que le sujet dort.
** Faire venir dans le cerveau les neurotransmetteurs du changement positif, de l'optimisme.

1) Induction - Script.
Il existe une quasi-infinité de technique d'inductions. Le script que je vous propose est intégré dans les séances d'hypnose. Vous trouverez à la fin de cet ouvrage les scripts des séances complètes (fin de l'annexe).
Ce script va associer deux techniques présentées qui sont opposées mais pas incompatibles : une approche elmanienne et ericksonienne.

SCRIPT.

Préalable.

1) L'induction d'inspiration elmanienne.

Nous allons, dans un premier temps, utiliser la technique d'Elman : l'induction du « comme si » (to pretend). Elle nécessite que vous acceptiez de faire comme si... sans cela, elle ne fonctionne pas.

2) L'induction d'inspiration d'ericksonienne.

C'est la technique du souvenir agréable. L'avantage de cette technique est qu'elle est personnalisable (induction utilisationnelle) et qu'elle stimule la synthèse de dopamine (neurotransmetteur du plaisir), d'ocytocine (neurotransmetteur de l'amour et de l'attachement), de la sérotonine (neurotransmetteur de la sérénité) ...

Recherche du souvenir agréable.

Trouvez un souvenir particulièrement agréable, isolez un instant particulier où l'émotion était à son apogée. Fermez lez yeux et repensez-y pour vous en imprégner. Concentrez-vous sur tout ce qu'il y avait à voir, pensez à tous les sons qui vous parvenez, aux sensations, à la température, au vent s'il y en avait, éventuellement au goût... Lors du script, je serai volontairement flou et vous mettrez sur mes mots flous les composants précis de votre souvenir.

Script.

Si vous n'avez pas encore fermé les paupières, je vais vous inviter à laisser vos paupières se fermer. Je vais vous demander de faire comme si vos paupières étaient lourdes, lourdes, très lourdes, très très lourdes et de plus en plus lourdes. Vous allez faire comme si vous vouliez ouvrir les paupières sans y parvenir, faites comme si vous insistez et vous n'y arrivez. Faites comme si vous essayez et que vous n'y arrivez pas, vous essayez encore et encore et vous n'y arrivez pas et plus vous essayez et moins vous y arrivez. Vos paupières sont collées, collées, collées comme si elles étaient collées avec de la colle à paupière.

Laissez vos paupières fermées et repensez à votre souvenir agréable, voyez tout ce qu'il y a à voir dans ce souvenir agréable, regardez mentalement à droite, à gauche, devant vous, derrière vous.

Écoutez tout ce qu'il y a à entendre, tous les sons qui vous parviennent, centrez-vous sur les sons les plus importants tout en restant connecté à l'émotion de votre souvenir. Centrez-vous sur les odeurs, sur les parfums. Ressentez tout ce qu'il y a à ressentir, la température, l'air… ouvrez tous vos sens. Laissez-vous pénétrer par toutes vos « perceptions mentales », vous n'êtes plus là, vous êtes là-bas, vous n'êtes plus dans le « maintenant d'ici », vous êtes dans votre « maintenant de là-bas ». Profitez pleinement de cet instant et laissez l'émotion que vous aviez ressentie ce jour-là, à ce moment-là augmenter encore et encore et encore…

2) Autohypnose.

a) Généralités.

> *« Le médecin du futur ne donnera pas de médicaments.*
> *Il formera ses patients à prendre soin de leurs corps, à la nutrition*
> *et aux causes et à la prévention des maladies. »*
> Thomas Edison (1847-1931)

> *« L'autonomie de la volonté est le principe unique de toutes les lois*
> *morales et des devoirs qui y sont conformes. »*
> Emmanuel Kant — philosophe (1724 - 1804)

L'autohypnose est le phénomène équivalent à l'hypnose, mais obtenu sans l'aide d'un opérateur extérieur.

La capacité d'imagination et de « pénétration » dans l'imaginaire joue un rôle facilitateur important dans l'autohypnose.
Cette capacité à l'instar de beaucoup d'autres s'apprend et se perfectionne.

• L'autohypnose primaire.
Mécanisme naturel de type rêverie plus ou moins intense. On retrouve cette forme d'hypnose lorsque nous sommes si absorbés par la télévision que nous n'entendons pas la personne qui nous parle juste à côté de nous.

• L'autohypnose secondaire.
Elle se produit à la suite d'une séance d'hypnose au cours de laquelle l'opérateur a suggéré cette possibilité de réinduction.

Conclusion.

Comme dit précédemment, vous pouvez vous mettre en autohypnose en utilisant le Bodyscan qui est une des nombreuses manières de pratiquer l'autohypnose.

« Les médicaments les plus efficaces pour l'homme sont les mots ».
Rudyard Kipling (1865-1936) Écrivain, poète, journaliste.
Prix Nobel de littérature en 1907 — Le livre de la jungle, tu seras un homme mon fils.

b) Autohypnose — <u>Méthodes</u>.

Il existe de nombreuses manières de se mettre soi-même en hypnose. Je vais vous en décrire quelques-unes. Quelle est la meilleure ? Assurément celle qui fonctionne le mieux chez vous. Certaines personnes se sentiront plus à l'aise avec un souvenir agréable, d'autres avec le Bodyscan, d'autres enfin avec une technique dérivée de l'induction Elmanienne.

• <u>Auto-induction par fixation de l'attention</u>.
C'est une technique historique… le pendule en est un exemple.
Enfant, j'étais hypnotisé par le balancier de l'horloge de mon grand-père ; plus tard, adolescent, je m'initiais à l'autohypnose en me fixant des yeux dans un miroir.

• <u>Auto-induction avec un souvenir agréable</u>.
Cette technique provient d'une adaptation de l'induction de Milton Erickson. Le souvenir agréable a l'avantage de produire de la <u>dopamine</u> (plaisir), de la <u>sérotonine</u> (relaxation) ou éventuellement, selon le souvenir, de l'<u>ocytocine</u> (attachement, amour).

Lorsque j'hypnotise une personne avec cette méthode, je lui pose quelques questions sur son souvenir agréable.
— *Où cela se passe-t-il ?*
— *À quelle heure ?*
— *Que voyez-vous ?*
— *Qu'entendez-vous ?*
— *Que sentez-vous (odeurs) ?*
— *Que ressentez-vous ? Sensations, sentiments, émotions.*
— *Quelle est la température ?*

Un exemple.

Alors que vous êtes là, et que vous écoutez le son de ma voix qui vous accompagne dans un travail particulier, vous pouvez laisser des images apparaître dans votre esprit, vous êtes à votre maison de campagne avec votre famille, c'est le moment du petit déjeuner, la température est agréable, vous entendez le chant des oiseaux dans les arbres et au loin le bruit d'un tracteur. Votre fille est assise en face de vous, aujourd'hui c'est son anniversaire, elle est heureuse...

Tout ce que je dis provient des réponses à mes questions. Mon but est d'amener la personne à ressentir à nouveau toutes **les émotions** de cet instant particulier.

Si vous utilisez cette technique, vous pouvez utiliser plusieurs fois le même souvenir.

• <u>Auto-induction avec la lourdeur des paupières.</u>

C'est une technique extrêmement simple — elle consiste à faire comme si vos paupières étaient très lourdes, tellement lourdes que vous n'arrivez pas à les ouvrir (Faites comme si vous n'arriviez pas à les ouvrir).

Exemple de script.

Je laisse mes paupières se fermer toutes seules, comme les paupières d'un enfant qui glisse tout doucement dans le sommeil, au début, il résiste comme s'il ne voulait pas dormir et, petit à petit, ses paupières se ferment malgré lui. Mes paupières sont lourdes, de plus en plus lourdes, chaque seconde elles deviennent plus lourdes. J'essaie de les ouvrir sans y parvenir tellement elles sont lourdes. Elles sont si lourdes qu'elles semblent collées avec de la colle à paupière, j'essaie une nouvelle fois, mais elles sont trop lourdes. Je glisse de plus en plus dans une sorte de sommeil profond...

• <u>Auto-induction avec la lévitation.</u>

Là encore, vous allez faire « comme si ». « Le comme si » est une sorte d'amorce.

Script.

Vous êtes confortablement assis, vous conservez une bonne tonicité des muscles de votre colonne vertébrale et des muscles du cou. Vos *deux mains sont posées sur vos jambes. Vous vous concentrez sur une vos mains — si votre main droite semble plus légère, vous vous concentrez sur cette main — Il semble qu'il se passe quelque chose — Vous sentez* que votre main s'élève d'un millimètre, peut-être un peu plus, peut-être un peu moins. Votre main monte, tout doucement, imperceptiblement, maintenant elle monte seule et vous en êtes un spectateur amusé...*

** Faites comme si votre main monte, faites-la monter faiblement, imperceptiblement... demi-millimètre par demi-millimètre. À un moment donné, votre main va devenir autonome et monter toute seule. Observez bien cette transition. Beaucoup de personnes sont amusées par ce phénomène et sourient.*

Conclusion.
Cette technique utilise plusieurs mécanismes : la concentration sensorielle externe, la proprioception du sujet, la dissociation, la cénesthésie...

• <u>Le Bodyscan</u>.
Le Bodyscan est une excellente manière d'induire l'autohypnose, elle est développée au chapitre suivant.

• <u>Induction par concentration — vide mental</u>.
Il s'agit par la seule concentration de s'isoler du monde extérieur et intérieur. Elle est très utilisée par certains sportifs. Avec l'expérience, elle peut être réalisée en quelques secondes.

Conclusion.
Vous venez de découvrir quelques auto-inductions parmi les plus connues. Elles peuvent être combinées entre elles ou réalisées l'une après l'autre. Elles nécessitent de l'entraînement et de la persévérance.

~

3. Le Bodyscan — Le script 2.

1) Bodyscan — <u>Généralités</u>.

Le Bodyscan consiste à centrer l'attention du sujet sur les différentes parties de son corps — ce faisant, on le concentre sur ses <u>sensations corporelles</u>. Le Bodyscan est une excellente technique de relaxation. On l'utilise en présence d'un sujet anxieux ou résistant (ce qui est parfois la même chose).

En autohypnose, il constitue, <u>à lui seul, une induction</u>.

La plupart du temps, lorsqu'on l'utilise pendant une séance d'hypnose, le sujet est en transe hypnotique à la fin du Bodyscan.

• Il est recommandé de commencer par les pieds (connexion à la terre) et de terminer par la tête (elle symbolise le spirituel).

• Il est important d'insister sur la respiration (effet relaxant) et sur le visage (lieu des émotions).

• Le Bodyscan dans le contexte de l'hypnose a pour but d'amener la personne à prendre conscience de sensations qu'elle n'avait pas quelques instants plus tôt.

• <u>Ajouter quelques suggestions</u>.

— Il y a quelques instants, vous n'aviez pas conscience de votre dos qui s'appuyait sur le dossier de la chaise comme nous n'avons pas conscience de tout ce qui se passe dans notre corps et dans notre esprit et qui bien est là.

• Le fait de <u>commencer par les pieds et terminer par la tête et l'esprit est symbolique</u>... des racines vers le feuillage, puis vers l'univers... de ce qui est censé être terre à terre pour aller vers la spiritualité... vers l'élévation de l'esprit.

• En hypnose, nous employons souvent des répétitions, en utilisant plusieurs fois le même mot ou la même expression.

Jonction avec le script précédent.

La jonction sera extrêmement simple.

« Et alors que vous êtes là, confortablement installé, je vous invite à sentir vos pieds posés sur le sol... »

Relaxation — quelques remarques.

• Dans certaines techniques, nous travaillons essentiellement sur la respiration, ce qui est une excellente façon de procéder, mais n'a pas le même but.

2) Bodyscan — <u>Le script 2</u>.

Ce script n'a pour but d'arrêter de fumer, c'est un des composants des séances d'hypnose complètes qui vous sont proposées dans ce livre. Le Bodyscan est parfois utilisé comme technique d'induction.

Idéalement, munissez-vous d'un casque audio.

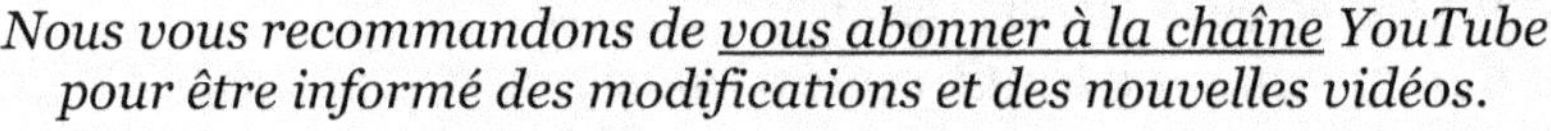

Pour vous en imprégner, lisez 2 ou 3 fois le script avant de l'écouter.
Pour accéder au script en vidéo,
<u>scanner le QR code</u>.
Ce script lu par l'auteur fonctionne comme une vraie séance d'hypnose.
Je vous recommande de l'écouter plusieurs fois.
Nous vous recommandons de <u>vous abonner à la chaîne</u> YouTube pour être informé des modifications et des nouvelles vidéos.

... Et alors que vous êtes là, confortablement installé...
« Je vous invite (1) à sentir vos pieds posés sur le sol (...) prenez conscience du contact entre vos pieds et le sol, le pied droit, le pied gauche. Vous pouvez même sentir vos pieds (2) à l'intérieur de vos chaussures. <u>Il y a quelques instants, vous ne pensiez pas (3) à vos pieds</u>. Prenez conscience de vos mollets... concentrez-vous quelques instants sur vos mollets (2)... le mollet droit, le mollet gauche.
Centrez-vous quelques instants sur le contact de votre corps avec la chaise... le contact de votre dos sur le dossier de la chaise, <u>il y a quelques instants, vous ne pensiez (3) pas au contact de votre dos avec le dossier de la chaise,</u> tout comme nous n'avons pas conscience (3) de tout ce qui se passe dans notre corps et dans notre esprit et qui sont bien là.
Je vous propose (1) de vous centrer sur le contact de vos mains sur vos jambes (phrase que je vais répéter à plusieurs reprises afin de

la renforcer)... sur le contact (...) de vos mains sur vos jambes (...) peut-être (4) ressentez-vous une sensation particulière au niveau d'une de vos mains, ou des deux ou aucune des deux (...) (...) c'est peut-être une sensation de chaleur ou de froideur (5) — cela peut-être (4) une sensation de légèreté ou de lourdeur, voire de fourmillements ou parfois aucune de ces sensations (6).

Votre respiration <u>a la possibilité</u> (7) de devenir de plus en plus calme (8) au fur et à mesure que la séance se déroule, mais à la possibilité de...). Vous pouvez sentir (5) votre cage thoracique qui monte, qui descend accompagnée de vos épaules. Centrez-vous (10) quelques instants sur votre respiration (9), sentez (10) l'air qui passe par vos narines lorsque vous inspirez, lorsque vous expirez (11). Tous les muscles de votre visage ont la possibilité (7) de se détendre... un peu comme les muscles du visage d'un enfant juste avant qu'il ne <u>glisse dans le sommeil</u> (12). Votre visage peut devenir lisse, un peu comme le visage de cet enfant qui s'endort. Vos paupières peuvent devenir lourdes, parfois même très lourdes (7), vous pouvez même faire comme si (13) vous vouliez les ouvrir... et vous n'y arriviez pas. Comme si (13) elles étaient collées avec de la colle à paupière. Laissez (10) votre front devenir lisse.

Passons à l'esprit avant de commencer l'induction.
<u>Alors que</u> (liaison) (14) votre corps peut se relaxer, votre esprit peut lui aussi se détendre.

Il est possible (7) que des images apparaissent, peut-être (4) même des images de ce souvenir agréable dont nous avons parlé, à moins que ce soit d'autres images, accueillez-les, accueillez tout ce qui apparaît, votre esprit est totalement libre (15).

Une partie de vous peut penser à une chose alors qu'une autre partie de vous peut penser à autre chose, votre esprit sait ce qui est bien pour vous.

3) Bodyscan — <u>Explication du script.</u>

(1) Afin d'éviter les résistances, nous n'imposons pas.

(2) Nous utilisons des répétitions.

(3) On fait prendre conscience au sujet que l'on ne pense pas à tout en permanence, nous sélectionnons les informations. Nous n'avons pas conscience de tout ce qui se passe dans notre corps et dans notre esprit.

(4) Grâce au « peut-être », on ne prend aucun risque d'être démenti, on émet une hypothèse.

(5) Ce qui est important, c'est que le sujet se centre sur ses mains... lorsque l'on se centre sur une partie de nous, nous ressentons quelque chose — essayez.

(6) Nous avons proposé toutes les possibilités... même la possibilité qu'il ne se passe rien. En réalité, tout ceci n'a aucune importance, ce que nous voulons, c'est que le sujet se focalise sur ses mains... pendant ce temps, il ne pense à rien.

(7) « A la possibilité »... donc du coup, ça n'est pas une obligation. Si j'avais dit : « votre respiration est de plus en plus calme », je m'expose à un échec.

(8) Le mot « calme » est le bienvenu. Associé au paraverbal (façon de prononcer) de l'hypnothérapeute, il entraînera au niveau du cerveau la production de sérotonine (neurotransmetteur de la sérénité).

(9) Nous utilisons également des phrases « à rallonge » pour que le sujet perde le fil et ne soit concentré que sur l'état présent.

(10) Là, je suis directif.

(11) Il faut ici se caler sur la respiration du sujet... lorsque vous l'avez en visuel.

(12) Analogie évocatrice.

(13) Le cadre du « comme si » est très utile en hypnose. On peut l'utiliser dans le cadre d'une induction : « Faites comme si votre bras devenait léger, très léger et laissez-le monter. On retrouve cette idée dans l'induction elmanienne.

(14) Les liens comme « alors que » permettent de relier deux propositions souvent sans rapport l'une avec l'autre.

(15) Suggestions : <u>première suggestion</u> : « Votre esprit est totalement libre » — <u>deuxième suggestion</u> : « Une partie de vous peut penser à une chose alors qu'une autre partie de vous peut penser à autre chose » — <u>troisième suggestion</u> « Votre esprit sait ce qui est bien pour vous ».

Passer à l'esprit avant de commencer l'induction à proprement parler.
<u>Alors que</u> (liaison) votre corps peut se relaxer, votre esprit peut lui aussi se détendre. Il est possible que des images apparaissent, peut-être même des images de ce souvenir agréable dont nous avons parlé, à moins que ce soit d'autres images, accepter tout ce qui apparaît, votre esprit est totalement libre (<u>première suggestion</u>).
Une partie de vous peut penser à une chose alors qu'une autre partie de vous peut penser à autre chose (<u>deuxième suggestion</u>), votre esprit sait ce qui est bien pour vous (<u>troisième suggestion</u>).

Remarque. On passe rapidement d'une partie du corps à une autre afin que la personne ne se remette pas à penser — ce qui est le cas chez les sujets résistants qui analysent tout ce que vous dites.

~

4. Truismes, Yes set, no set... un bon début.

Trois possibilités pour désamorcer des résistances.

• <u>Un truisme est une évidence que l'on peut difficilement* contredire.</u>
Il est souvent utile de commencer une séance par une série d'évidence (truisme).
— *C'est agréable de se reposer lorsque l'on est fatigué.*
— *Un bon verre d'eau fait du bien lorsque l'on a soif.*
— *Vous êtes là, vous écoutez le son de ma voix qui vous accompagne dans un travail particulier...*

En hypnose.
Plusieurs propositions évidentes vont augmenter les chances qu'une proposition non évidente soit acceptée.
Et alors que <u>vous êtes là</u> (1), et que <u>vous écoutez</u> (1) le son de ma voix, qui <u>vous accompagne</u> (1) dans <u>un travail particulier</u> (1), vous pouvez laisser une sensation de confort et de bien-être s'installer (2) progressivement à votre rythme.

(1) : évidence.
(2) : proposition non évidente.

** Si une personne contredit une évidence, cela signe une résistance.*
— *Cela fait du bien de se reposer quand on est fatigué.*
— *Non.*

• <u>Un « Yes set » est une série de questions dont la réponse est oui.</u>
— *Vous appelez bien Jean-Pierre Dubois.*
— *Oui.*
— *Vous avez bien 32 ans.*
— *Oui.*
— *Vous habitez bien à Marseille.*
— *Oui.*

Vous pouvez ensuite poser une question dont la réponse positive n'est pas acquise.
— *Vous avez envie d'être hypnotisé ?*

• <u>Le « No set » est une série de questions dont la réponse est non.</u>
Le but du « No se »t est de permettre à une personne qui est dans la contradiction d'exprimer son opposition naturelle.
Il faut évidemment avoir quelques informations préalables.
— Avez-vous déjà été hypnotisé ?
— Non
— Du coup, vous ne savez pas encore comment cela se passe ?
— Non
— Si une de vos mains se lève, vous ne savez pas laquelle ce sera ?
— Non

En hypnose :

Et alors que vous êtes là (1), et que vous écoutez le son de ma voix (1), qui vous accompagne (1) dans un travail particulier (1)... vous pouvez laisser une sensation de confort et de bien-être s'installer (2) progressivement à votre rythme.

(1) : évidence.
(2) : proposition non évidente.

~

5. Dialogue avec vos organes — <u>Le script 3</u>.

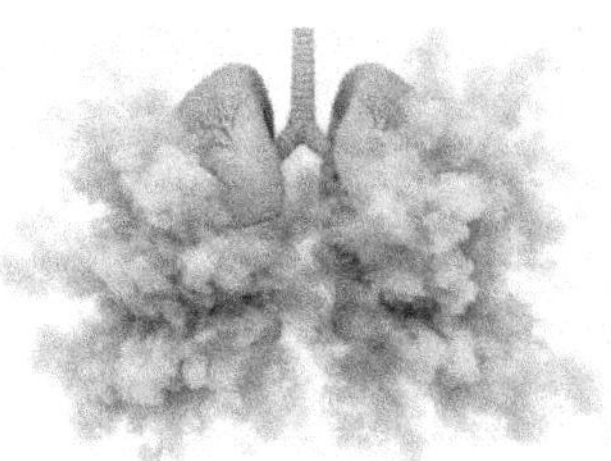

1) Dialogue avec vos organes — <u>Généralités</u>.
S'ils avaient la parole ?

Nous ne voyons que notre peau et notre bouche (dents et gencives). Nos organes internes sont silencieux et, lorsqu'ils commencent à parler, c'est que les problèmes sont déjà bien avancés.

Le dialogue permet de prendre conscience que les organes internes sont en souffrance et que les fumeurs ne le savent pas encore.

Cette prise de conscience peut se faire grâce au questionnement (voir en annexe la phase de questionnement dans le déroulement d'une séance).

— Quels sont, selon vous, les organes les plus concernés par le tabagisme ?

Très souvent les personnes parlent en premier lieu des poumons. Ça sera l'occasion pour vous de rebondir.

— Oui, c'est vrai (1) le tabac est responsable de 80 % des cancers (2) du poumon et c'est un cancer <u>très grave</u> (3). Et après (4) les poumons ?

Chaque fois, on procède de la même façon : question, validation de la réponse, information négative et immédiatement nouvelle question.

(1) validation de la réponse.
(2) On ne donne qu'un chiffre.
(3) On utilise un mot négatif fort.
(4) On passe tout de suite à autre chose, on ne laisse pas le temps à la personne de répondre.

2) Dialogue avec vos organes — <u>Le script 3</u>.
On ne peut pas dans ce script aborder tous les organes et toutes les pathologies — la liste serait trop longue. Le tabac augmente de façon

considérable le risque de développer <u>16 cancers</u>, il faut de plus ajouter toutes les atteintes non cancéreuses, comme les maladies cardio-vasculaires, les pathologies du cerveau...

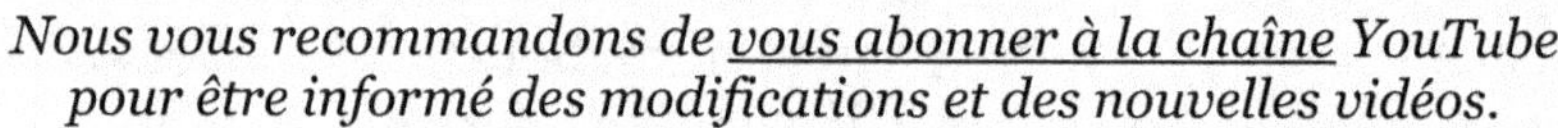

Nous vous recommandons de lire 2 ou 3 fois le Script avant de l'écouter.

Je vous invite à prendre contact avec <u>votre cœur</u> (1), que vous dirait-il s'il pouvait parler. Il vous dirait sans doute : « Le tabac me porte un coup de couteau en plein cœur, s'il te plaît, prends soin de moi (2), si tu savais à quel point je souffre (3), tous les vaisseaux qui m'irriguent, qui m'apportent de l'oxygène et qui m'apportent des nutriments se durcissent, ils sont enflammés et se bouchent. Mes artères ont des spasmes. S'il te plaît (4), arrête de fumer ou je vais m'arrêter et tu vas mourir. Et les <u>poumons</u>, que diraient-ils ? Si tu savais dans quel état je suis, je suis tout noir, je ressemble à un arbre calciné (5) dont il ne reste plus que le tronc, mes bronches ressemblent à un conduit de cheminée (5) plein de suie noire. Mes alvéoles qui normalement sont roses, sont encrassées, si tu voyais tout cela, tu serais vraiment très inquiet et tu arrêterais de fumer. Et le <u>cerveau</u>, que dirait-il ? Dès que je sais que tu vas fumer, je suis inquiet (6), arrête de fumer, je manque d'oxygène, je vieillis plus vite, tu me rends fou et je vais perdre des neurones. Je suis comme un ordinateur pour toi, je commande tout ton corps et toutes tes fonctions. Sais-tu qu'à cause du tabac, je risque une hémorragie cérébrale (8) ou un cancer, une partie de moi peut mourir définitivement, tu peux même perdre la vie ? Ici, <u>la vessie</u>, sais-tu que certaines de mes cellules peuvent devenir folles et se comporter comme des voyous (9) en devenant cancéreuses, certains produits chimiques du tabac viennent polluer l'urine comme on pollue une *nappe phréatique. Épargne-moi, s'il te plaît, arrête de fumer, arrête de me polluer. Ici, le <u>pancréas</u>, je suis un organe fragile, si tu n'arrêtes pas de fumer, tu peux provoquer un cancer. Chez moi, un <u>cancer</u>, c'est très grave (10).*

Ici la <u>langue</u>, je t'en conjure, arrête de fumer, le tabac chez moi est une <u>catastrophe</u>, toutes mes papilles gustatives se bouchent, je ne ressens plus le goût des aliments et j'ai peur, oui, vraiment peur du cancer, un <u>cancer</u> de la langue, c'est affreux. Et moi, diraient les <u>gencives</u>, vous ne vous rendez pas compte des risques que vous me faites courir, savez-vous que vous pouvez y perdre une partie de l'os de la mâchoire (10), s'il vous plaît, arrêtez de fumer. Si elle pouvait parler, <u>la peau</u> (11) prendrait elle aussi la parole. Elle vous dirait : « En fumant, vous accélérez mon vieillissement ; avec des rides profondes vous allez paraître 10 ou 20 ans de plus, de plus, les cheveux deviennent cassants et ternes ; sans compter, dit la peau, les <u>cancers</u> que je peux développer. »

Voici tout ce que vous diraient vos organes, tous seraient désireux que vous cessiez de fumer...

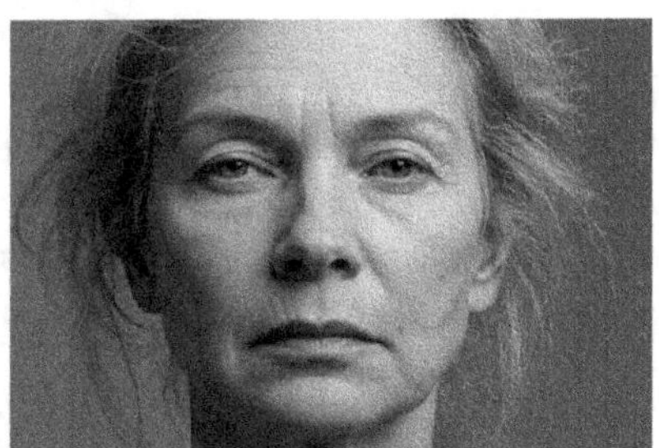

Une fumeuse (à droite !) présente beaucoup plus de rides, une peau plus terne, une chevelure plus clairsemée et des cheveux cassants.

3) Dialogue avec vos organes — <u>Explications du script</u>.

(1) En France, 25 % des morts dus au tabac sont des problèmes cardio-vasculaires (18 000 morts chaque année en France).

(2) Il s'agit d'un vrai dialogue.

(3) Parler des émotions.

(4) Exprimer une demande de la part des organes comme s'ils avaient leur propre mode de pensée.

(5) On utilise des métaphores avec des images fortes.

(6) Malgré les effets immédiats, la nicotine augmente le niveau d'anxiété, de stress, de dépression.

(8) L'inconscient est chargé de la sécurité par l'intermédiaire de l'amygdale cérébrale.

(9) La cellule cancéreuse est présentée comme une cellule voyou...

(10) On insiste sur la gravité.

(11) Pour les personnes particulièrement concernées par l'esthétique.

4) Script* de sortie de transe.

Vous retrouverez ce court script à la fin des scripts à thème.

Je vais compter jusqu'à 5 et au fur et à mesure que je vais compter, vous allez sortir de la transe hypnotique et revenir ici et maintenant.
1... vous commencez à quitter la transe dans laquelle vous êtes et vous intégrez tous les changements qui ont été proposés à votre inconscient.
2... vous commencez à reprendre contact avec votre présent. Votre inconscient va mettre en place de nouveaux apprentissages utiles pour votre santé.
3... vous savez que dans quelques instants, vos paupières vont s'ouvrir. Votre conscient et votre inconscient qui souhaitent tous les deux de bonnes choses pour vous, se préparent à travailler ensemble.
4... vous êtes sur le point de vous éveiller. Vous êtes décidé à agir positivement pour votre santé. Vous savez tous les bénéfices que vous retirerez de cette expérience. Vous allez saisir cette chance extraordinaire qui vous est offerte de retrouver votre santé. Vous savez que vous pouvez compter sur vous-même.
5... vous ouvrez les paupières, vous prenez une grande respiration.

La sortie de transe est l'occasion de <u>renforcer les suggestions</u> et de donner des <u>suggestions post-hypnotiques</u>.

** Lorsque c'est possible, nous personnalisons la sortie de transe. Ici nous utilisons une technique volontairement vague qui s'appuie sur le Milton modèle.*

5) Dialogue avec vos organes — <u>Séance d'hypnose complète N°1.</u>
Pensez à préparer votre souvenir agréable (voir page 28).

<u>Séance d'hypnose complète</u> : <u>Scanner le QR code.</u>
Avant d'écouter la séance, nous vous recommandons **d'écouter le script correspondant.**
*Nous vous recommandons de **vous abonner à la chaîne** YouTube pour être informé des modifications et des **nouvelles vidéos.***

~

6. Le dégoût du tabac — <u>Le script 4</u>.

1) Technique du dégoût du tabac — <u>Généralités</u>.

La technique du dégoût* est <u>particulièrement efficace</u>. Elle est cependant désagréable pour le patient et peut conduire à des nausées type « mal des transports » qui peuvent même se traduire par des vomissements. C'est sans doute pour cette raison que beaucoup d'hypnopraticiens évitent de l'utiliser. Je la recommande cependant dans certains cas au regard de la gravité du tabagisme qui provoque, rappelons-le, le décès de 70 000 personnes chaque année en France, soit 20 fois plus que le nombre de morts par accident de la route. Néanmoins, je demande toujours à mon patient s'il est favorable à son utilisation.

Cette technique ne doit jamais être utilisée dans le cadre du surpoids.

2) Technique du dégoût du tabac — <u>Le script 4</u>.

Nous allons imaginer que vous fassiez une promenade à vélo. Le script est écrit pour un homme. Pour une femme, il suffit de remplacer quelques mots.

Nous utilisons de nombreuses métaphores dans ce script.

Idéalement, munissez-vous d'un casque audio.

Pour vous en imprégner, lisez 2 ou 3 fois le script avant de l'écouter.
Pour accéder au script en vidéo.
<u>Scanner le QR code.</u>
Ce script lu par l'auteur fonctionne comme une vraie séance d'hypnose.
Je vous recommande de l'écouter plusieurs fois.

Nous vous recommandons de <u>vous abonner à la chaîne</u> YouTube pour être informé des modifications et des nouvelles vidéos.

Imaginez, vous faites une promenade à bicyclette (1) avec votre femme, vous êtes tous deux heureux, tout va bien pour elle comme pour vous.

Vous êtes soudainement (2) attiré par une odeur (3) nauséabonde (4), vous jetez un coup d'œil vers la mer et vous vous apercevez avec horreur (4) qu'il y a une marée noire qui touche les côtes.

Vous voyez ce répugnant (6) produit noir visqueux salir la plage, le sable est souillé, les rochers qui pointent sont recouverts d'un liquide noir visqueux et vous voyez des oiseaux mazoutés, ils se débattent, poussent des cris (4) d'agonie certains tentent d'avancer péniblement sans y parvenir, alors que d'autres meurent dans d'atroces souffrances. Terrible spectacle, vous voyez qu'ils ont ingurgité du mazout.

Devant cette image terrifiante et répugnante, votre femme et vous-même êtes pris de nausée.

Vous avez une pensée qui vous frappe (5) : vous vous dites que, si vous mettiez le goudron contenu dans une cigarette dans un verre au bout d'un an, vous auriez un grand verre plein de goudron... tout ce goudron, vous l'avez déjà ingurgité jour après jour. Vous vous dites que, si vous buviez cet infâme et répugnant breuvage en une seule fois, il envahirait votre bouche, passerait entre vos dents, inonderait toutes vos papilles gustatives qui déborderaient de goudron, puis ce goudron descendrait dans votre gorge, puis, dans votre œsophage, vous seriez comme ces pauvres oiseaux mazoutés et agonisant.

Vous ne voulez pas que ce goudron et cette nicotine se déversent en vous... même lentement. Chaque fois que vous prendrez une cigarette, vous penserez à ce terrible verre de goudron et de nicotine que vous pourriez ingurgiter et aussi à cette puanteur.

Si vous buviez cet infâme breuvage, vous pourriez mourir de la pire des façons qui soit en quelques heures, peut-être même en quelques minutes (7) comme ces pauvres animaux qui sont là, agonisant sur la plage. Vous avez, tout au long de ces années, avalé et respiré tout ce goudron. Ce mazout sur la plage a été déversé à cause d'un capitaine (8) de bateau qui a lavé ses cuves en pleine mer, à moins que ce soit un accident. Pour ce qui vous concerne, c'est vous le capitaine (7), vous avez délibérément pollué votre corps — il faut que cela cesse maintenant (9) — chaque fois que vous prenez une cigarette, vous êtes responsable d'une pollution, vous êtes responsable de cette violence que vous vous infligez. Chaque fois que vous prenez une cigarette, pensez à ce goudron visqueux qui remplit votre bouche. Concentrez-vous sur votre bouche, votre langue, concentrez-vous sur toutes vos papilles gustatives qui sont remplies de toxines, comme des plantes (8) que l'on aurait arrosées de goudrons. Votre bouche est pâteuse (10), cela vous semble dégoûtant, répugnant et écœurant. Pensez à vos poumons noirs de goudron. Peut-être pouvez-vous ressentir (10) des nausées en repensant à toutes les glaires chargées de nicotine, de goudron et de milliers de substances nocives. Vous pouvez déjà ressentir un réflexe de méfiance envers cette plante toxique. Vous êtes dégoûtés, vous avez la nausée (11). Vous décidez (11) d'arrêter de fumer, car vous avez de plus en plus de méfiance et de rejet vis-à-vis de cette plante qui déverse du goudron et de la nicotine dans votre corps.

Vous arrêtez de fumer (11), le goudron s'en va, vous ressentez maintenant le plaisir d'être libre, vous ressentez le plaisir d'être libre... vous voulez (12) rejeter au loin toutes ces envies de pollution.

Acte symbolique :

Vous pouvez ajouter en fin de séance des actes symboliques. Le symbole le plus fort n'est pas toujours celui que vous aviez à l'esprit. Parfois, c'est celui que vous propose le sujet.

La meilleure façon de procéder est encore de le lui demander.
— Qu'avez-vous symboliquement envie de faire de votre dernier paquet de cigarettes ?

Certaines personnes veulent tout simplement jeter leur dernier paquet de cigarettes, d'autres le mettent dans les toilettes, d'autres le piétinent...

3) Technique du dégoût du tabac — <u>Explication du script</u>.

(1) On part avec quelque chose d'agréable.

(2) La surprise est importante... comme si l'on était brutalement réveillé par quelque chose. La plupart des patients découvrent la véritable dangerosité du tabac au détour d'un examen médical.

(3) L'odeur permet de découvrir quelque chose avant de la voir.

(4) Tous les sens sont maintenant mobilisés : odorat, vue, ouïe.

(5) Une pensée qui <u>frappe</u>, analogie cachée avec la <u>violence</u> du tabac.

(6) Des mots très négatifs vont être multipliés pour marquer l'esprit de la personne.

(7) On montre ici la rapidité avec laquelle le tabac peut tuer… c'est le cas pour certaines pathologies fulgurantes.

(8) Analogie qui met en évidence la responsabilité de la personne.

(9) Urgence de la situation. Il est toujours urgent d'arrêter de fumer.

(10) La personne vit l'émotion, on dit qu'elle est associée. Dissociée, une personne voit les choses de loin, de manière non émotionnelle. Associée, elle vit la situation comme si elle était réelle avec les émotions.

(11) Suggestion directe.

(12) Intervention de la volonté.

4) Le dégoût du tabac — <u>Séance d'hypnose complète N° 2.</u>

<u>Séance d'hypnose complète</u> : <u>Scanner le QR code</u>.
Avant d'écouter la séance, nous vous recommandons **d'écouter le script correspondant.**
*Nous vous recommandons de **vous abonner à la chaîne** YouTube pour être informé des modifications et des **nouvelles vidéos.***

~

7. Le prix exorbitant du tabac — <u>Le script 5</u>.

1) Le prix exorbitant du tabac — <u>Généralité.</u>

— Que dois-je faire si j'ai trop envie de fumer une cigarette.
— Vous allez acheter un paquet de cigarettes, vous videz le paquet
dans les toilettes et vous tirez la chasse d'eau ? Vous venez de jeter
un billet de 20 euros dans les toilettes... de toute façon, votre billet
allait partir en fumée.

2) Le prix exorbitant du tabac — <u>Le script 5.</u>

Idéalement, munissez-vous d'un casque audio.

Pour vous en imprégner, lisez 2 ou 3 fois le script avant de l'écouter.
Pour accéder au script en vidéo.
<u>Scanner le QR code.</u>
Ce script lu par l'auteur fonctionne comme
une vraie séance d'hypnose.

Je vous recommande de l'écouter plusieurs fois.

Nous vous recommandons de <u>vous abonner à la chaîne</u> YouTube
pour être informé des modifications et des nouvelles vidéos.

À l'inverse du script précédent, celui-ci est basé sur les bénéfices.

Le prix d'un paquet de cigarettes est d'environ 13 euros, cela correspond, pour une année, à une dépense de 4 380 euros, en 10 ans, c'est une dépense de 43 800 euros et, sur 30 ans de 131 400 euros. En plaçant cet argent à 2,5 %, au bout de 30 ans, vous disposerez d'un capital de 192 383,84... ce qui est le prix d'un petit appartement.

À l'inverse de l'argent placé qui rapporte,
le prix du tabac va continuer à augmenter.

Voici les chiffres bruts, ils restent beaucoup trop abstraits, vous devez les convertir, <u>en fonction de la personne</u>, en vacances, en voiture ou en appartement.
• 4 380 euros de tabac par an, cela fait de belles vacances.
• 4 380 euros placés par an à 3 % deviennent en cinq ans 23 252, soit le prix d'une voiture.
• 4 380 euros par an avec les intérêts sur 30 ans deviennent 192 383 euros, c'est le prix d'un appartement.

À cela, il faudrait ajouter les frais de santé, l'absentéisme au travail plus important chez les fumeurs avec la baisse de salaire qui l'accompagne, et enfin un départ anticipé à la retraite pour cause de santé, ce qui se traduit par moins de cotisations et donc une retraite plus faible. Il faut ajouter que si la personne peut prétendre à une retraite de 2 000 euros par mois, sa vie étant écourtée de 10 ans en moyenne, cela fait 120 000 euros qui ne lui seront pas versés... <u>l'addition est lourde</u> !

<u>Conclusion</u>.
Le coût du tabac est important, en premier lieu, en matière de santé, mais aussi au niveau financier. Le tabac est une addiction, la connaissance de ces chiffres ne sera pas suffisante, pour tout le monde, pour arrêter de fumer.

Le script.
Installer confortablement, prenez une bonne respiration ample et calme, posez les pieds bien à plat sur le sol et maintenez votre colonne vertébrale bien dans son axe. Votre cage thoracique est bien

déployée pour favoriser une respiration calme, tranquille et ample. Vous sentez l'air qui entre et sort de vos narines.

Maintenez une bonne tonicité des muscles de votre cou afin que votre tête soit bien supportée. Vous pouvez, mettre les mains bien à plat sur les jambes, les paumes délicatement posées. Vous pouvez également appuyer votre dos sur le dossier de la chaise.

Ne faites rien, soyez juste là, à écouter le son de ma voix qui vous accompagne dans un travail particulier.

Si une sensation de confort et de bien-être s'installe, « Laissez cette sensation s'installer à votre rythme, vous avez simplement à accepter. N'essayez pas de vous détendre, n'essayez pas de ralentir votre respiration, ne faites rien — vous n'avez rien d'autre à faire que d'être là. »

Votre esprit est libre, vous avez simplement à écouter le son de ma voix, vous pouvez aussi ne pas m'écouter et tout simplement penser à ce dont vous avez envie, une partie de vous écoutera, la même partie de vous qui écoute tous les sons environnants et qui repère ce qui est important pour vous.

Il est possible que des pensées ou des images apparaissent, accueillez-les, quelles qu'elles soient, même si vous ne les avez pas sollicitées. Votre inconscient sait ce qui est bien pour vous, c'est sa fonction première. Votre conscient reçoit certaines informations alors que votre inconscient se concentre sur tout autre chose.

Imaginez, vous êtes à la montagne (1), vous avez arrêté (2) de fumer il y a trente ans. Vous mettez vos chaussures pour faire une randonnée avec vos enfants et petits-enfants. Vous regardez, fier (3) de vous, cet appartement que vous avez acheté grâce à l'argent que vous n'avez pas dépensé en tabac. Vous bénissez cette idée lumineuse de faire chaque mois un virement 300 euros par mois correspondant à votre consommation de tabac. Grâce à cette idée, vous avez cessé de fumer et vous avez économisé de quoi acheter cet appartement. Dans quelques minutes, vous serez dans la montagne avec votre famille (4), en pleine forme (5). Si vous n'aviez pas arrêté de fumer, vous seriez probablement décédé... et dans quelles conditions ! Cette décision a changé <u>votre vie</u>, et également <u>la vie</u> de votre famille. La seule ombre à ce tableau *est que vous avez perdu votre jeune frère (6) il y a deux ans. C'est un cancer du pancréas qui l'a emporté, vous vous dites que c'est le tabac. Vous avez tout essayé, mais il se croyait invulnérable. Votre petite-fille entre dans la pièce (7), elle vous sort de vos pensées, vous êtes prêt pour cette randonnée.*

3) Le prix exorbitant du tabac — <u>Explication du script</u>.

(1) Vous aurez au préalable demandé à la personne si elle aime la montagne, la mer, la campagne.

(2) C'est un pont vers le futur. Technique de motivation très efficace.

(3) La fierté d'avoir arrêté de fumer est un bénéfice important. À l'inverse, de nombreux fumeurs éprouvent une certaine honte à fumer, à laquelle s'ajoute un sentiment de culpabilité.

(4) Bénéfices pour la famille. Ce point est à développer lorsque le patient a une valeur « famille » importante.

(5) Bénéfices pour la santé.

(6) Le décès du frère sert de comparatif.

(7) La petite fille qui entre dans la pièce est un état séparateur. Cet état séparateur est très utilisé en hypnose, grâce à lui, le conscient est détourné (ce qui évite les résistances) alors que l'inconscient reste connecté.

(8) Répétition volontaire du mot vie. Nous aurions pu dire : « et celle de votre famille ».

4) Le prix exorbitant du tabac — <u>La séance complète N°3</u>.

<u>Séance d'hypnose complète</u> : <u>Scanner le QR code</u>.
Avant d'écouter la séance, nous vous recommandons **d'écouter le script correspondant.**
*Nous vous recommandons de **<u>vous abonner à la chaîne</u>** YouTube pour être informé des modifications et des **nouvelles vidéos**.*

~

8. Le Tabac, une plante carnivore — <u>Le script 6</u>.

On retrouve dans ce script une hypnose négative.

1) Le Tabac, une plante carnivore — <u>Généralités</u>.
Le tabac vous détruit intérieurement, j'ai eu l'idée de ce script en repensant à un jeu électronique : Pac-Man, ce petit bonhomme jaune qui dévore tout ce qui est devant lui.

2) Le Tabac, une plante carnivore — <u>Le script 6</u>.

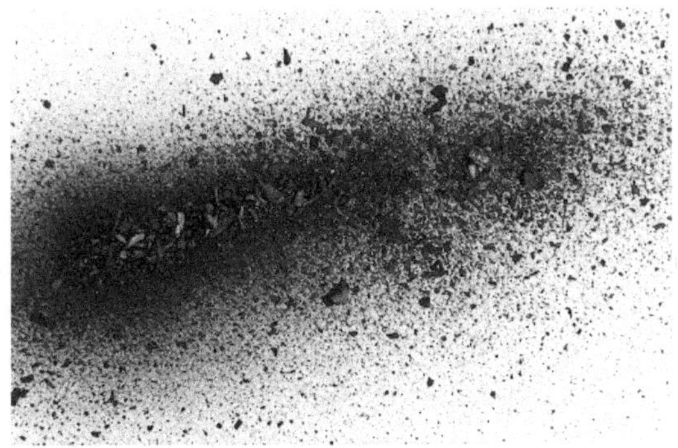

Suie : particules de tabac.

« *Ils ne mouraient pas tous, mais tous étaient frappés.* »
Les animaux malades de la peste — Jean de La Fontaine.

Stop au tabac grâce à l'hypnose et autohypnose. - Docteur Robert Larsonneur.

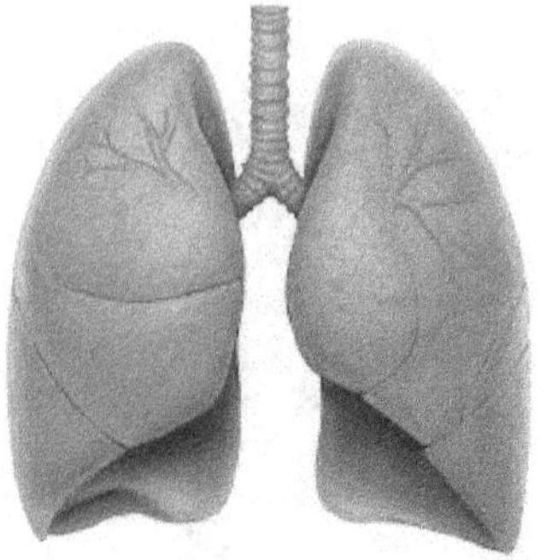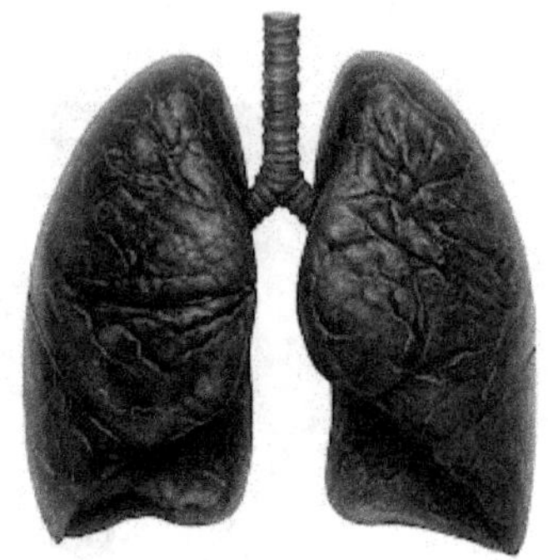

Idéalement, munissez-vous d'un casque audio.

Pour vous en imprégner, lisez 2 ou 3 fois le script avant de l'écouter.
Pour accéder au script en vidéo.
Scanner le QR code.
Ce script lu par l'auteur fonctionne comme
une vraie séance d'hypnose.

Je vous recommande de l'écouter plusieurs fois.

Nous vous recommandons de vous abonner à la chaîne YouTube pour être informé des modifications et des nouvelles vidéos.

Alors que (1) vous lisez (2) ces lignes, vous savez (3) que le tabac est comme une plante carnivore, elle dévore (4) les cellules qui constituent chacun de vos organes, elle les détruit ou les transforme en cellules cancéreuses qui à leur tour, vont dévorer votre organisme. Tout commence par la fumée que vous inhalez, elle pénètre dans votre bouche, dans vos narines et commence à faire les premiers dégâts en s'attaquant à vos dents qu'elle noircit (5) et à vos gencives. La première attaque de cette bête immonde (6) est au niveau des cellules de vos gencives qui peuvent dégénérer. Vous savez (3) que les cancers de la bouche sont extrêmement graves (4) et invalidants, car elles peuvent avoir pour conséquence la perte d'une partie de votre mâchoire (7). Vous ne voulez (8) pas perdre votre mâchoire ou votre langue. La fumée pénètre ensuite dans le larynx et risque de provoquer un cancer. Vos cordes vocales vont très vite être enflammées et votre voix modifiée, vous avez remarqué à quel point les fumeurs ont une voix rauque. La fumée gagne vos poumons et tapisse l'ensemble de vos alvéoles de suie (9), chaque particule de suie entre en contact avec la paroi très fine des poumons et interagit avec elle comme si elle dévorait (10) inlassablement les poumons, vous ne vouliez pas (8) que vos poumons noircissent jusqu'à ressembler à une mine de charbon (11). Vous voulez (12) que vos alvéoles restent roses. De nombreuses substances toxiques vont passer dans le sang et aller grignoter (4) le cerveau, mais aussi la vessie, le cœur, le pancréas et bien d'autres organes...

3) Le Tabac, une plante carnivore — <u>Explication du script</u>.

(1) Annonce une liaison.

(2) Vous lisez une évidence.

(3) Cette proposition, elle, n'est pas évidente, elle va être plus facilement acceptée.

(4) On va utiliser des mots forts... dévore, grignote.

(5) On commence par un critère esthétique.

(6) Le tabac prend un aspect vivant.

(7) Des images qui impactent.

(8) Personne ne le veut, évidemment.

(9) Le choc des images.

(10) Encore un mot fort pour marquer les esprits.

(11) Une image forte.

(12) Vous voulez... on parle pour la personne.

4) Le Tabac, une plante carnivore — <u>La séance complète N°4</u>.

Séance d'hypnose complète : Scanner le QR code.
Avant d'écouter la séance, nous vous recommandons **d'écouter le script correspondant.**
*Nous vous recommandons de **vous abonner à la chaîne** YouTube pour être informé des modifications et des **nouvelles vidéos**.*

~

9. Tabac et grossesse — <u>Le script 7</u>.

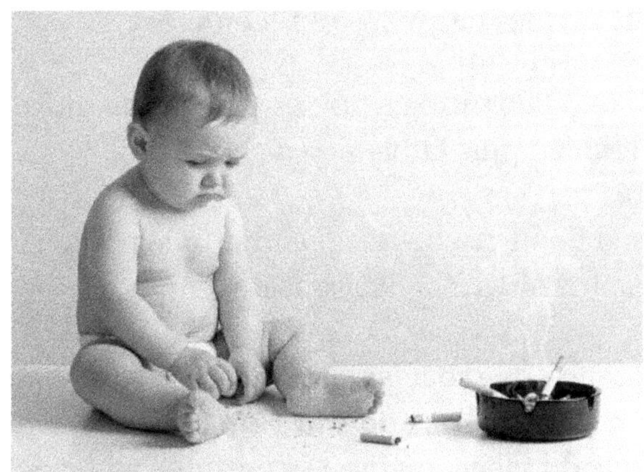

Si la maman a fumé pendant la grossesse,
le bébé est déjà habitué au tabac. Si le papa fume,
il doit accompagner sa femme dans l'arrêt du tabac.

Lorsque j'étais adolescent, il y avait une histoire drôle que l'on racontait qui s'appelait « <u>Le bébé qui se marre</u> ». Avec le recul, je pense qu'elle avait été inventée par les personnes qui étaient contre la pilule. En réalité, cette histoire n'était pas très drôle et nécessitait un vrai talent de conteur... pour la faire traîner en longueur. C'était l'histoire d'un bébé qui à la naissance était pris d'un fou rire... jusqu'à ce qu'on s'aperçoive que le bébé tenait dans sa main bien serrée une pilule. Ce qui faisait rire le bébé est qu'il avait déjoué la contraception. J'ai imaginé, une histoire encore moins drôle : « <u>Le bébé qui pleure</u> ». Dans cette histoire, le bébé tient dans sa main une cigarette.

1) Tabac et grossesse — <u>Généralité</u>.

Avant même de parler des effets sur le fœtus, de nombreuses études ont montré que le tabagisme entraîne <u>une baisse de la fécondité</u>.
Les effets du tabac sur le fœtus sont parfaitement connus, environ 4 000 composants passent la barrière placentaire... <u>le fœtus fume</u>.
Même si la grossesse augmente la motivation du sevrage tabagique, il n'en demeure pas moins qu'arrêter de fumer est compliqué.
Rappelons que nous ne sommes pas tous égaux face à l'addiction.

Près de 20 % des femmes enceintes continuent à fumer pendant leur grossesse.

Voici quelques risques parmi les plus connues :

– grossesse extra-utérine

– bébé de faible poids (200g à 300g de moins en moyenne).

– périmètre crânien plus faible.

– prématurité

– mort subite du nourrisson (risque multiplié par 3)

– troubles respiratoires à la naissance.

Après la naissance, le tabagisme passif touchera l'enfant. Pour les mamans qui ne fument pas devant l'enfant, l'odeur de maman est assimilée à celle du tabac, maman se parfume au tabac, sans oublier l'haleine.

Conclusion.

Nous le répétons, arrêter de fumer est compliqué, juger, culpabiliser les femmes n'est pas la meilleure porte d'entrée. Le futur papa doit accompagner la future maman. Une femme enceinte qui souhaite cesser de fumer devrait être accompagnée. Idéalement, dès que le couple souhaite avoir un bébé, il est essentiel de mettre en place une stratégie de libération face à cette addiction.

2) Tabac et grossesse — <u>Le script 7</u>.

Idéalement, munissez-vous d'un casque audio.

Pour vous en imprégner, lisez 2 ou 3 fois le script avant de l'écouter.
Pour accéder au script en vidéo.
<u>Scanner le QR code.</u>
Ce script lu par l'auteur fonctionne comme une vraie séance d'hypnose.
Je vous recommande de l'écouter plusieurs fois.

Nous vous recommandons de <u>vous abonner à la chaîne</u> YouTube pour être informé des modifications et des nouvelles vidéos.

Fumer pendant la grossesse est extrêmement grave. Nous emploierons donc "les grands moyens". Les conséquences sur le fœtus sont nombreuses, pire encore des études ont montré que c'est toute la vie de l'enfant puis de l'adulte qui sera très défavorablement impactée. Si le papa fume, il doit lui aussi arrêter, pas seulement par solidarité, ce qui à mes yeux s'impose, mais aussi par ce que cela aura des conséquences sur le bébé et sur l'enfant.

Les hypnothérapeutes vérifient que leur patiente se fabrique des images. Cette technique utilise les visualisations mentales. Si la patiente éprouve des difficultés à visualiser, elle peut être aidée.
— Pourriez-vous imaginer votre bébé à la naissance ?
— Pourriez-vous imaginer votre bébé à l'âge d'un an ?

Remarque.
On commence le script en mettant en place les conditions d'un bon déroulement de la séance.

Je vous invite à vous asseoir confortablement (1), idéalement les deux pieds bien posés sur le sol et vos mains bien à plat sur vos jambes, la colonne bien droite et souple (2). Conservez tout au long de la séance une bonne tonicité des muscles du dos et du cou pour bien maintenir votre tête.

Et alors que vous êtes là (3) confortablement (1) installé, les pieds bien posés sur le sol (3), les mains sur vos jambes (3) et que vous écoutez le son de ma voix (3) qui vous accompagne (3) dans un travail particulier (3), vous pouvez laisser une sensation de confort et de bien-être s'installer (4) progressivement, à votre rythme. Dans quelques mois (5) vous allez avoir un bébé — dans quelques mois (5) vous allez prendre ce bébé dans vos bras (6) — dans quelques mois (5), vous allez pouvoir mettre votre visage tout près du sien, sentir son souffle (6) qui vient de ses petits poumons tout neufs, tout fragiles (8), votre bébé sentira (6) (7) aussi votre souffle. Évidemment que (5) vous souhaitez le mieux (9) pour votre bébé — évidemment que (5) vous allez lui donner tout votre amour (9) — évidemment (5) vous voulez qu'il soit en bonne santé (9), maintenant et plus tard. Aujourd'hui, vous ne le voyez pas, car il est bien au chaud dans votre ventre, vous ne le voyez pas, mais vous le sentez, vous ne le savez peut-être pas, mais lui aussi vous sent, vous ne le savez peut-être pas, mais lui vous entend, il entend les sons qui viennent de l'extérieur, il entend aussi le bruit de votre cœur.

Peut-être pouvez-vous vous imaginer (5) avec lui lorsqu'il dira ses premiers mots, peut-être pouvez-vous imaginer (5) lorsqu'il fera ses premiers pas, peut-être pouvez-vous imaginer (5) ses premiers rires, évidemment que vous voulez qu'il soit en bonne santé. Dans quelques mois, vous allez sentir son odeur (10) de bébé tout comme il va sentir la vôtre. L'odeur est quelque chose de très important pour votre bébé, tout comme le contact est très important pour votre bébé. L'odeur et le contact envoient des messages à votre bébé, ils envoient des messages d'amour et aussi de sécurité — il associe l'odeur et le contact avec l'amour et la sécurité, vous ne voulez pas que l'odeur du tabac soit synonyme d'amour et de sécurité pour votre bébé. Un bébé est un petit être fragile, sans défense. Il était déjà fragile et sans défense lorsqu'il était blotti (12) dans votre ventre et qu'il se développait. Le développement de l'embryon et du fœtus est quelque chose de magique (13), c'est le miracle de la vie (13). À partir de deux petites cellules, une nouvelle vie se développe. Alors qu'il est dans votre corps, vous allez le nourrir (14) et tout ce qui est dans votre corps sera dans le sien, car, durant cette période, vous ne faites qu'un avec lui. L'oxygène (15) que vous respirez passera dans votre corps et aussi dans le corps de votre futur bébé. Tout ce que vous mangez (16), la moindre particule (16) passera sous forme de nutriment dans votre corps et dans celui de votre futur bébé et vous voulez qu'il ait tout pour se développer (17), et vous voulez qu'il ait tout pour être une bonne santé (17). Vous ne voulez pas qu'il soit nourri avec des particules de tabac, vous ne voulez pas que des milliers de particules nocives passent dans le sang de votre bébé au moment où il se forme, au moment où ses organes se forment et se développent. Vous savez qu'un bébé dont la maman fume sera plus petit. Vous savez que le tabagisme augmente le risque de naissance prématurée. Vous ne voulez rien de tout cela, vraiment rien de tout cela.

Vous ne le voyez pas, car il est bien au chaud (18) dans votre ventre, vous ne le voyez pas, mais vous le sentez, vous ne le savez peut-être pas, mais lui aussi vous sent (19), vous ne le savez peut-être pas, mais lui, vous entend, il entend les sons qui viennent de l'intérieur, il entend le bruit de votre cœur (20).

3) Tabac et grossesse — Explication du script.

(1) Mot positif qui induit du confort et du bien-être.

(2) Consignes pour que le sujet soit bien installé.

(3) Série d'évidences avec lesquelles on ne peut être que d'accord.

(4) Une proposition non évidente fait suite aux truismes, on augmente ainsi les chances d'acceptation.

(5) Série de trois répétitions (tricolon « Veni, vidi, vici » de Jules César) qui donne un <u>rythme</u> à la phrase et <u>renforce les propositions</u>.

(6) Perception kinesthésique.

(7) Il vaut mieux ne pas fumer pour que le souffle ne soit pas désagréable.

(8) Petit poumon pour rappeler la fragilité et la vulnérabilité du bébé.

(9) On dit que la future maman <u>veut du bien</u> pour son bébé, donc nous sous-entendons que la maman va arrêter le tabac par amour.

(10) L'odorat est très important pour le bébé.

(11) La vue chez le bébé est limitée à 30 cm elle va s'améliorer et sera équivalente à celle d'un adulte vers 1 an.

(12) Blotti évoque la vulnérabilité.

(13) La vie a une valeur inestimable.

(14) On ne doit pas nourrir un enfant avec un poison.

(15) Oxygène — allusion cachée au tabac.

(16) Allusion aux particules présentes dans la fumée de cigarette — tout ce que vous mangez, la <u>moindre particule</u>.

(17) Vous voulez qu'il ait tout pour se développer… sous-entendu : vous allez arrêter de fumer parce que vous voulez que votre bébé se développe bien.

(18) « Bien au chaud »… sous-entendu, vous protégez votre bébé.

(19) « Lui aussi vous sent ». Le bébé échange avec vous.

(20) Cœur-organe, mais aussi cœur . Il entend votre cœur, il entend que vous avez du cœur…

4) Tabac et grossesse — La séances complète N°5.

Séance d'hypnose complète : Scanner le QR code. Avant d'écouter la séance, nous vous recommandons **d'écouter le script correspondant.**
*Nous vous recommandons de **vous abonner à la chaîne** YouTube pour être informé des modifications et des **nouvelles vidéos.***

~

10. La beauté du monde — <u>Le script 8</u>.

1) La beauté du monde — Généralité.

*« Rien de tel pour vivre et pour profiter de la vie que
de conscientiser la beauté du monde. »*
Robert Larsonneur

Un de mes oncles était atteint d'un cancer. Malgré les efforts des médecins pour le convaincre de suivre un traitement, il avait décidé de refuser tous les soins. Ses raisons étaient simples : « J'ai été heureux, je veux terminer ma vie en toute sérénité, pas de chimio pour moi ». Un jour, son petit-fils rayonnant de joie est venu sur ses genoux — il était joyeux d'être avec son grand-père et mon oncle était heureux d'être avec son petit-fils — un déclic s'est produit, mon oncle a imaginé son petit-fils pleurant la perte de son papy et il a décidé de se soigner, et de continuer à vivre d'autres moments comme celui-là. Quatre années plus tard, il était toujours en vie et chaque instant était devenu important pour lui.

C'est parfois la beauté de la vie qui nous donne des forces pour affronter les difficultés et aussi pour éviter d'en avoir en refusant, par exemple, de se laisser dévorer par le tabac.

Ce script est **basé sur une vision optimiste** et heureuse de la vie et de toutes ses merveilles. Nous ne prononcerons pas le mot tabac et pourtant il sera omniprésent, la personne consulte pour cela ou vous lisez ce script pour cela, donc vous savez de quoi il en retourne... inutile de le préciser.

Comme pour tous les scripts, nous parlons à l'inconscient.

L'inconscient parle le langage de l'imagination.

Il ne comprend pas la grammaire. Dans la phrase « *Ne te mets pas en colère* », il retient le mot colère. Vous connaissez sans doute l'exemple : « *Ne pense pas à une voiture rouge* » qui vous conduit immédiatement à voir une voiture rouge.

L'inconscient utilise les symboles comme langage.

D'où l'étrangeté de nos rêves.

Dans le script qui va suivre, vous trouverez une multitude de symboles... un papillon est la beauté fragile, un aigle symbolise la liberté, l'indépendance, la puissance, mais aussi l'ambition et le succès (atteindre son objectif, dans votre cas, arrêter de fumer).

2) La beauté du monde — Le script 8.

Pour vous en imprégner, lisez 2 ou 3 fois le script avant de l'écouter.

Pour accéder au script en vidéo.
Scanner le QR code.
Ce script lu par l'auteur fonctionne comme une vraie séance d'hypnose.

Je vous recommande de l'écouter plusieurs fois.

Nous vous recommandons de vous abonner à la chaîne YouTube pour être informé des modifications et des nouvelles vidéos.

Idéalement, munissez-vous d'un casque audio.

Nous vous recommandons de lire 2 ou 3 fois le Script avant de l'écouter.

Préalable.

Asseyez-vous de préférence sur un fauteuil, mettez vos pieds bien à plat sur le sol, vos mains sur vos jambes. Gardez votre colonne vertébrale bien droite, conservez une bonne tonicité de vos muscles du dos et du cou.

Le script.

Lorsque ma fille Wendy est née, je l'ai prise dans mes bras, pendant que sa maman se reposait et je lui ai raconté le monde, elle n'avait pas encore une heure. Je lui ai parlé de la campagne, de la montagne, des océans — Je lui ai parlé de ce qu'il y a sous la surface de l'eau — Je lui ai parlé de la faune, et de la flore, de tout ce que l'on voit et de tout ce que l'on ne voit pas — Je lui ai dit à quel point notre planète bleue était belle. Je lui ai dit à quel point je l'aimais. Elle ne comprenait pas le sens de mes mots, mais elle sentait mes émotions.

C'est ce que vous allez découvrir dans ce script qui est une ode à la vie.

Alors que vous êtes là et que vous écoutez le son de ma voix qui vous accompagne dans un travail particulier (1), vous pouvez laisser une sensation de confort et de bien-être s'installer progressivement (2), à votre rythme. Vous pouvez laisser votre respiration devenir calme (3) et tranquille (3) et (4) vos paupières se fermer. Peut-être même qu'il est possible que vos paupières deviennent lourdes (5) et même de plus en plus lourdes, faites comme si (6) vos paupières étaient tellement lourdes que, si vous décidiez de les ouvrir, vous n'y arriveriez pas. Et alors que vous êtes concentré sur ces sensations, des images peuvent apparaître (7) comme celle, par exemple, d'un papillon (8), qui virevolte de fleur en fleur — en élargissant votre champ de vision (9), vous pouvez voir des centaines de fleurs d'espèces différentes, des fleurs jaunes, oranges, rouges, blanches — des milliers de fleurs qui émergent de la verdure, un instant vous vous penchez et vous voyez tous ces brins d'herbe, tous d'un vert différent, (10) <u>vous êtes émerveillé par tant de beauté</u> — en regardant d'un peu plus près, vous distinguez des centaines d'insectes qui vaquent à leurs occupations habituelles et qui occupent ce territoire qui, à leur dimension, est immense, un monde comme emboîté dans le nôtre, un peu comme des poupées gigognes, et vous vous dites que, si vous aviez un microscope, c'est encore un autre monde que vous découvririez — (10) <u>tous ces mondes vous fascinent</u>. Ici ou là, vous distinguez des arbres qui reçoivent toutes sortes d'oiseaux qui gazouillent, piaillent ou chantent — (10) <u>vous contemplez cette nature magnifique, elle vous subjugue</u> — au-dessus de vous, un ciel bleu avec au loin quelques nuages blancs. La température est agréable (3), douce et reposante — vous vous déplacez dans ce champ verdoyant au milieu des fleurs — (11), <u>l'air est pur</u> et vous prenez une bonne respiration (11), vous sentez cet air pur entrer dans vos poumons qui s'en réjouissent et oxygènent votre corps. Comme un aigle, vous avez soudain pris de la hauteur et vous vous êtes retrouvé au-dessus *d'une montagne, vous voyez des forêts, des champs de neige — comme si vous aviez la vue d'un aigle, vous voyez des bouquetins, des marmottes, des renards, des ours bruns — que la montagne est belle — (11) vos poumons profitent de cet air pur. Alors que vous (10) admirez ce magnifique paysage de montagne, vous vous sentez soudain comme transporté, vous glissez dans les airs et vous vous dirigez vers les rivages de l'océan. Peut-être est-ce une mer, peu importe. L'eau est (3) calme. Des oiseaux marins planent au loin et, maintenant au-dessus de vous, ils se laissent porter longuement et lentement par les courants d'air ascendants — vous contemplez ce magnifique spectacle. Toutes sortes de sons vous parviennent, le son des oiseaux, le bruit du vent dans les arbres, les paroles à peine perceptibles de promeneurs au loin, le bruit des vagues... L'eau de la mer est pure (11), aussi loin que votre regard vous porte, vous ne voyez que la mer, elle semble infinie. Vous imaginez sous la surface l'immensité de l'océan avec des reliefs, de nouveaux champs, des champs marins à perte de vue avec toutes sortes de plantes aquatiques d'une telle variété, de différentes hauteurs et de différentes couleurs. Entre ces plantes qui ondulent, glissent des poissons, toute sorte de poissons et des animaux marins, comme des dauphins, des tortues. Vous êtes émerveillé par tant de beauté (10). Combien de vies faudrait-il (12) pour découvrir seulement le centième de cette magnifique planète bleue ? Combien de vies faudrait-il pour découvrir la diversité des paysages ? Combien de vies faudrait-il pour découvrir ne serait-ce qu'une infime partie de sa faune et de sa flore ? En tout cas de quoi émerveiller (10) chacune des secondes qui composent votre vie. Juste prendre conscience de toute cette beauté (13), ouvrir grand ses yeux, ses oreilles, ouvrir tous ses sens et profiter.*

3) La beauté du monde — Explication du script.

(1) Une série d'évidences qui ne peuvent être contredites (truismes).

(2) Une proposition (non évidente) qui a plus de chance d'être acceptée.

(3) Calme, tranquille, agréable — mots qui vont dans le sens de la relaxation, du bien-être. La façon de prononcer les mots (le paraverbal) accentue la détente.

(4) Deux propositions différentes sont reliées : [... votre respiration devenir calme et tranquille] **et** [... vos paupières se fermer].

(5) La lourdeur des paupières est une très bonne façon d'induire l'hypnose. On répétera plusieurs fois le mot lourd :... <u>lourdes</u> et même <u>de plus en plus lourdes</u>... vos paupières étaient <u>tellement lourdes</u>.

(6) Le « comme si » est intéressant pour induire quelque chose en évitant les résistances. On peut même, comme le faisait Dave Elman, proposer au sujet : « Êtes-vous d'accord pour faire comme si ? »

(7) Transition avec laquelle on quitte l'induction pour entrer dans la phase de suggestion (phase de travail, voir en annexe).

(8) Le papillon : symbole de changement, d'abord chenille puis chrysalide et enfin papillon. Le papillon est aussi un symbole de fragilité et de légèreté.

(9) Voir plus loin... que le seul plaisir immédiat de fumer.

(10) [Vous êtes émerveillé par tant de beauté [tous ces mondes vous fascinent] [alors que vous admirez ce magnifique paysage de montagne] [admirez ce magnifique paysage de montagne] ... toutes ces suggestions directes vont revenir à plusieurs reprises. L'idée qu'elles véhiculent est que la vie est belle et mérite d'être vécue et non raccourcie et polluée par le tabac.

(11) [... l'air est pur et vous prenez une bonne respiration] — par opposition au tabac.

(12) Série de trois mots (tricolon « Veni, vidi, vici » de Jules César).

(13) Une conclusion : profitez pleinement de la vie... dit avec des mots négatifs : ne vous empoisonnez pas avec le tabac !

4) La beauté du monde — La séance complète N°6.

<u>Séance d'hypnose complète</u> : <u>Scanner le QR code</u>.
Avant d'écouter la séance, nous vous recommandons **d'écouter le script correspondant.**
Nous vous recommandons de ***vous abonner à la chaîne*** *YouTube pour être informé des modifications et des* ***nouvelles vidéos.***

~

11. La fierté de réussir - Script 9.

Nous utiliserons rarement certaines techniques seules, Ce script c'est surtout un excellent complément aux scripts précédents — on peut le considérer comme un renforçateur.

1) La fierté de réussir — Généralité.

La fierté, c'est le bonheur d'avoir réussi.
Robert Larsonneur

La fierté est souvent confondue avec la vantardise alors qu'il s'agit de deux notions totalement différentes. La fierté est un sentiment de satisfaction plus ou moins intense que l'on ressent après une réussite, c'est une récompense... d'ailleurs **elle active, dans le cerveau, le circuit de la récompense**. La fierté de soi est légitime, c'est un vecteur important de motivation.
La vantardise est une attitude arrogante, orgueilleuse, parfois accompagnée d'un dédain envers les autres — la personne qui se vante déforme à son profit ce qu'il fait, il ment.

La fierté de soi est une ressource, vous vous appuyez sur vos réussites pour avancer. Cette ressource est en général « extraite » du passé. Parfois, il est bon d'anticiper une réussite et le sentiment de fierté qui l'accompagne va stimuler la motivation.

Nous sommes fiers de nous intrinsèquement.
La fierté de soi est une émotion intime, personnelle. Chuck Noland (Tom Hanks) dans le film « Seul au monde », a parfois éprouvé de la fierté seul sur son île ou plus loin dans le passé, Robinson Crusoé.

Des personnes peuvent être fières de nous.
Lorsque nous réalisons ou exprimons quelque chose de bien, des personnes peuvent être fières de nous. Une mère, un père peuvent être fiers de leur enfant. Un enfant peut être fier de son papa qui a arrêté de fumer.

~

2) La fierté de réussir — Le script 9.

Préalable.

• Rechercher 5 expériences de fierté. Classez-les. Fermez les yeux et **repensez à l'expérience la plus intense en matière de fierté** : voyez, entendez, sentez (odorat) et surtout ressentez (émotions, sensations, sentiments). Vous devez, en repensant à cette expérience de fierté de soi, ressentir des émotions.

• Qui, selon vous, pourrait-être fier de vous : enfant, compagne, compagnon, membre, de votre famille, amis ?

Le script.

<u>IMPORTANT</u>.

Avant d'écouter ce script, repensez à une situation au cours de la laquelle vous avez été fier de vous, peu importe que cette situation soit récente ou ancienne, choisissez celle qui a généré le plus de fierté. Repensez-y longuement pour voir, entendre, sentir tout ce qui composait ce souvenir.

Idéalement, munissez-vous d'un casque audio.

Pour vous en imprégner, lisez 2 ou 3 fois le script avant de l'écouter.

Pour accéder au script en vidéo.
<u>Scanner le QR code.</u>
Ce script lu par l'auteur fonctionne comme une vraie séance d'hypnose.

Je vous recommande de l'écouter plusieurs fois.

Nous vous recommandons de <u>vous abonner à la chaîne</u> YouTube pour être informé des modifications et des nouvelles vidéos.

Nous allons commencer le script par la posture et par des truismes.

Je vous invite à vous installer confortablement sur une chaise ou dans un fauteuil — mettez vos deux pieds bien à plat sur le sol — les deux mains sur vos jambes. Je vous invite à maintenir une bonne tonicité des muscles de votre dos et de votre cou pour vous sentir confortable et pour bien maintenir votre tête. Prenez une bonne respiration, videz doucement et tranquillement vos poumons, puis inspirez doucement, le plus naturellement possible.

Et alors que vous êtes là et que vous écoutez le son de ma voix qui vous accompagne dans ce travail particulier, vous pouvez laisser une sensation de confort et de bien-être s'installer progressivement. Repensez à cette expérience de <u>fierté de soi</u> (1), voyez tout ce qu'il y avait à voir, entendez tous les sons qui vous parviennent, sentez tout ce qu'il y avait à sentir, imprégnez-vous de cette scène jusqu'à ressentir de <u>fierté de soi</u> (1) — vous pouvez laisser grandir cette émotion particulière, le bonheur d'avoir réussi.

Imaginez que vous ne fumiez plus, vous vous êtes totalement libéré (2) de cette plante dévastatrice (3), vous éprouvez une immense <u>fierté</u> (4). Vous savez, et vous êtes bien placé pour le savoir, que c'est difficile (5), c'est une <u>grande victoire</u> (6) et vous en êtes <u>fier</u> (1) et vous avez raison (7) — pour toujours, vous pourrez dire : « Je fumais et j'ai arrêté » — souvent, les gens (7) vous féliciteront, car tout le monde sait que c'est difficile (9) est compliqué de se débarrasser d'une addiction (8). Beaucoup de personnes considèrent cela comme un <u>exploit</u>. Des proches (10) vous diront qu'ils sont <u>fiers</u> de vous parce qu'ils savent que c'est très difficile et que vous avez remporté cette belle <u>victoire</u> (6). Imaginez vos proches parlant de vous parfois en votre absence : « Elle s'est arrêtée de fumer, elle a tenu bon ». Tout le monde sait qu'arrêter de fumer est extrêmement difficile — et vous avez <u>réussi</u>, c'est un <u>succès</u> à mettre à votre actif, c'est un <u>succès</u> dont vous pouvez être <u>fier</u> — vous vous êtes débarrassé de cette mauvaise habitude très coûteuse (11) pour vos finances, une raison de plus d'être <u>fier</u> (1) et pour votre santé, imaginez à quel point vos organes vous sont reconnaissants. Vous avez donc toutes les bonnes raisons d'être <u>fier</u> (12) de vous. Concentrez-vous sur cette fierté... ressentez de la <u>fierté</u>. Cette <u>fierté</u> que vous allez ressentir dès que vous ne fumerez plus, cette <u>fierté</u> que vous ressentirez encore bien des années plus tard (13).

3) La fierté de réussir — Explication du script.

(1) <u>Fierté de soi</u> — nous allons répéter de nombreuses fois la fierté. Cette manière de procéder rappelle la méthode Coué (voir en annexe) telle qu'elle est et non telle que les ce que les gens en pensent. Lorsque nous apprenons quelque chose de nouveau, nous

avons besoin de le répéter pour le savoir, pour nous en persuader. Cette répétition n'a de valeur que si elle est associée à une émotion.

(2) Vous êtes totalement libéré : on se projette dans le futur.

(3) Plante dévastatrice on insiste sur la gravité de ce à quoi la personne a échappé.

(4) Immense fierté.

(5) On ne peut être fier que de quelque chose de difficile que l'on a accompli.

(6) Une grande <u>victoire</u>, belle victoire. On met en exergue l'importance de la réussite.

(7) Vous en êtes fier et vous avez raison. On valide la fierté.

(8) Les gens... arrêter de fumer est considéré comme un exploit, car il s'agit davantage de vaincre une addiction que le tabac lui-même. Remarque, on retrouve le même phénomène dans l'addiction au sucre ?

(9) C'est difficile — est extrêmement difficile, on ne dit pas ici ça n'est pas facile, ce qui minimise pour l'inconscient le fait d'arrêter.

(10) Des proches. Vous pouvez ici être plus précis concernant votre cas, ces proches peuvent être vos enfants, votre compagnon, votre compagne. Vous pouvez citer leurs noms et dire ma femme Laure, ma fille Raphaëlle.

(11) On introduit ici une nouvelle notion.

(12) De bonnes raisons. Cette fierté est justifiée.

(13) La fierté est un sentiment durable. Je remarque souvent que des personnes sont fières d'elles des années après avoir arrêté de fumer.

4) La fierté de réussir — Séance complète d'hypnose N°7.

<u>Séance d'hypnose complète</u> : <u>Scanner le QR code.</u>
Avant d'écouter la séance, nous vous recommandons **d'écouter le script correspondant.**
*Nous vous recommandons de **vous abonner à la chaîne** YouTube pour être informé des modifications et des **nouvelles vidéos**.*

~

12. La technique du mentor - Script 10.

1) La technique du mentor — <u>Généralités</u>.

Un mentor est une personne désintéressée qui vous veut du bien. Le mentor, parce qu'il est humble, ne dit pas toujours ce qu'il faut faire, mais il le montre par son exemplarité. Il croit en vous, en votre potentiel, il vous encourage. Il vous connaît et dit ce qui est bien pour vous.

Le mentor est typiquement le contraire de la personne qui vous dit : « Fait ce que je dis, ne fait pas ce que je fais ». Il faut être humble pour savoir accueillir un mentor, j'ai rencontré des gens trop vaniteux pour accepter un mentor... même mental.

Vous pouvez avoir un vrai mentor ou un mentor mental. Dans ce dernier cas, c'est une personne de référence à vos yeux qui vous veut du bien — ça peut être une personne réelle qui n'est plus là : une grand-mère, un grand-père, un oncle, une tante — ça peut aussi être une personne historique : Socrate, Pasteur, Nelson Mandela, Martin Luther King — un personnage de bande dessinée ou de film : Tintin, Robin des bois...

On peut avoir plusieurs mentors que l'on choisit en fonction du contexte.

2) La technique du mentor — <u>Le script 10</u>.

Pour vous en imprégner, lisez 2 ou 3 fois le script avant de l'écouter.

Pour accéder au script en vidéo.
<u>Scanner le QR code</u>.
Ce script lu par l'auteur fonctionne comme une vraie séance d'hypnose.
Je vous recommande de l'écouter plusieurs fois.

Nous vous recommandons de <u>vous abonner à la chaîne</u> YouTube pour être informé des modifications et des nouvelles vidéos.

Si vous êtes dans le cadre de l'autohypnose, choisissez une personne qui répond aux critères énoncés ci-dessus. Si vous êtes hypnothérapeute, questionnez votre patient afin qu'il désigne son mentor.

— Quelle serait la personne réelle ou imaginaire, vivante ou décédée qui serait un bon guide pour vous ?*
— Que pourrait-elle vous dire pour vous encourager ?*
— Quel cadeau symbolique pourrait-elle vous faire ?*

** Laissez tout le temps dont la personne à besoin — c'est une étape importante.*

Nous allons dans ce script utiliser une personne imaginaire qui répond aux caractéristiques que nous avons vues précédemment.

Voici quelques mots clés qui caractérisent un mentor : désintéressé, bienveillant, soutenant, guidant, encourageant, de bons conseils, sage, patient, responsable, écoutant, ouvert, humble, expérimenté, favorise l'apprentissage.

Je vous invite à vous installer confortablement sur une chaise ou dans un fauteuil — mettez vos deux pieds bien à plat sur le sol — les deux mains sur vos jambes. Je vous invite à maintenir une bonne tonicité des muscles de votre dos et de votre cou pour vous sentir confortable et pour bien maintenir votre tête.
Prenez une bonne respiration, videz doucement et tranquillement vos poumons, puis inspirez doucement, le plus naturellement possible.

Et alors que vous êtes là et que vous écoutez le son de ma voix qui vous accompagne dans ce travail particulier, vous pouvez laisser une sensation de confort et de bien-être s'installer progressivement.

Vous pouvez laisser des images apparaître, votre mentor apparaît, il vous regarde tranquillement et vous dit : « Tu peux (1) y arriver, j'ai confiance (2) en ta capacité à relever ce défi » — « Ne te laisse pas impressionner, arrêter de fumer est une difficulté pour tout le monde, toi tu vas (1) y arriver (3) » — Tu vas relever ce défi et tu vas y arriver (3) — tu vas y arriver — tu vas y arriver (3). Je sais que tu vas réussir parce que (4) tu le veux — je sais que tu vas réussir (4) parce que c'est important pour toi — je sais que tu vas réussir (4) par amour pour les gens qui t'aiment. Ça ne sera pas facile (5) (4), c'est normal, si c'était facile (4), ça se saurait, si c'était facile (4), tout le *monde aurait déjà arrêté. Le mentor que je suis aimerait que tu répètes plusieurs fois par jour et surtout quand c'est compliqué pour toi : « <u>Ça n'est pas facile, mais je vais réussir, parce que je le vaux</u> (6) », répète cette phrase jusqu'à ce que tu puisses dire : « Ça n'a pas été facile, mais j'ai réussi »... et là, ça sera ta victoire. <u>Pense à</u> ton cœur, à ton cerveau, à ton foie, à ton pancréas, à ta vessie — <u>pense à</u> tous ces organes qui te remercient — <u>pense à</u> toutes les personnes qui t'aiment et qui éprouvent de la joie à te voir arrêter — <u>pense à</u> toutes les personnes qui te prendront comme modèle pour arrêter à leur tour. Je voudrais t'offrir un cadeau symbolique. Je t'offre trois cartes — une carte verte quand tu ne fumes pas et que tu n'en as pas envie — une carte jaune quand tu as envie de fumer — une carte rouge si tu fumes, si tu achètes un paquet de cigarettes ou si tu en demandes une à quelqu'un... souviens-toi que l'on n'offre pas une cigarette ? On n'offre pas quelque chose qui détruit une personne. À chaque fois que tu auras un carton jaune, tu répéteras 10 fois : « <u>Ça n'est facile, mais je vais réussir, parce que je le vaux</u> (6) ». Chaque fois que tu auras acheté un paquet de cigarettes, c'est un carton rouge, tu prends une cigarette et tu jettes le reste du paquet de cigarettes dans les toilettes (7).*

3) La technique du mentor — <u>Explication du script</u>.

(1) « Tu peux » s'est transformé en « Tu vas ».

(2) Un mentor fait confiance et donne de la confiance en soi.

(3) On utilise la répétition — avec toujours la règle trois répétitions (tricolon « Veni, vidi, vici » de Jules César).

(4) « Je sais que tu vas réussir parce que... » on va, là aussi, répéter le même début de phrase — on parle alors d'anaphore.

(5) Je préfère dire : « Ça ne sera pas facile » plutôt que « Ça sera difficile » pour atténuer la difficulté et aussi parce que l'inconscient n'entend que les mots — pouvez-vous ne pas penser à un ours blanc ».

(6) On parle de phrase leitmotiv — elle va revenir dans le quotidien de la personne comme un refrain, un peu comme une chanson que nous avons entendue et qui revient sans cesse, parfois à notre insu.

(7) Dans les toilettes et pas à la poubelle.

4) Conclusion.

Comme pour les scripts précédents, il sera combiné avec d'autres.

5) La technique du mentor - La séance complète d'hypnose N°8.

<u>Séance d'hypnose complète</u> : <u>Scanner le QR code</u>.
Avant d'écouter la séance, nous vous recommandons **d'écouter le script correspondant**.
*Nous vous recommandons de **vous abonner à la chaîne** YouTube pour être informé des modifications et des **nouvelles vidéos**.*

~

13. Le papa fumeur qui voulait être un exemple.

1) Le papa fumeur qui voulait être un exemple — <u>Généralité</u>.
Évidemment, vous pouvez et même devez associer les scripts. Vous gagnerez en efficacité en associant le script « Le papa fumeur qui voulait être un exemple » avec le script de « La fierté de réussir ».

Ce script a une histoire. Pierre a été séparé de ses deux enfants (Julie 8 ans et Raphaël, 11 ans) pendant plusieurs années — lorsqu'il me consulte cela fait plusieurs mois qu'il les a retrouvés. Le script a été en partie modifié. Pierre veut être un bon exemple pour ses enfants (il veut être un mentor). Il a tout un programme comme être présent, attentif et bienveillant, les aider à faire leurs devoirs... et aussi arrêter de fumer, mais il n'y arrive pas (il fume un à deux paquets par jour).

La séance d'hypnose commence dès le premier contact avec le patient. Je lui ai posé de nombreuses questions... toutes orientées. Voici l'une d'elles qui va avoir un impact très important. Le patient me dira deux ans plus tard que cette question l'avait déstabilisé et lui avait donné la force d'arrêter de fumer.

— Vos enfants fument-ils ?
Je rappelle que les enfants ont 8 ans et 11 ans. La question n'a pas pour but une recherche d'informations.
— Bien sûr que non ! La question a offusqué le papa et l'a déstabilisé.

— Excusez-moi pour cette question, mais les enfants de fumeurs commencent à fumer parfois très tôt pour imiter le parent qu'ils admirent.

Le patient m'avait dit qu'il souhaitait être un mentor pour ses enfants, donc un exemple.

— Je vais vous poser une question qui peut vous sembler étrange. Maintenant que vos enfants vous ont retrouvé. Quel pourrait-être l'impact de votre décès sur leurs vies ?

Par ces deux questions, je l'ai touché émotionnellement. La séance d'hypnose commence bien avant l'induction. J'aurais pu dans ce cas me passer d'induction et faire toute la séance en hypnose conversationnelle (voir en annexe) en utilisant dans cette conversation tous les principes de l'hypnose.

Je lui ai demandé de me parler d'un souvenir agréable. Il m'en a proposé un, je lui ai dit qu'il était très bien, je lui en ai demandé un autre que j'ai validé, puis un troisième que je souhaitais conserver, car il allait avoir pour conséquence la production certes de dopamine, mais surtout d'ocytocine.

> Souvenir agréable de Pierre.
> Sa première réunion de parent pour son fils Raphaël. Il était heureux d'être là. Raphaël a eu des compliments de la part de ses enseignants. Pierre était fier des résultats de Raphaël et Raphaël était fier que son père entende les compliments de la part des enseignants. D'autant qu'ils avaient travaillé ensemble.
> J'ai interrogé Pierre sur la décoration de la classe, sur la luminosité, sur la température, sur les sons qui lui parvenaient.
> Le but est de faire revivre mentalement cette scène afin qu'il éprouve les mêmes sensations que lorsqu'il l'avait réellement vécue.

2) Le papa fumeur qui voulait être un exemple — <u>Le script 11</u>.

Idéalement, munissez-vous d'un casque audio.

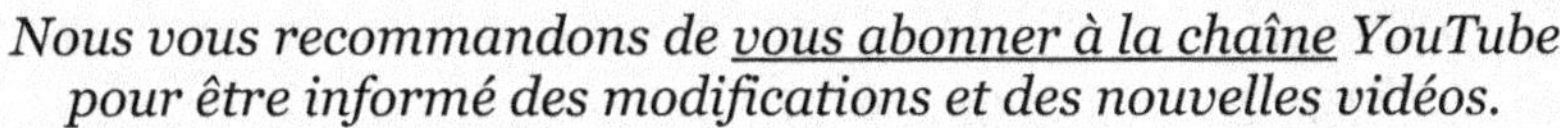

Pour vous en imprégner, lisez 2 ou 3 fois le script avant de l'écouter.

Pour accéder au script en vidéo.
<u>Scanner le QR code</u>.
Ce script lu par l'auteur fonctionne comme
une vraie séance d'hypnose.
Je vous recommande de l'écouter plusieurs fois.

*Nous vous recommandons de <u>vous abonner à la chaîne</u> YouTube
pour être informé des modifications et des nouvelles vidéos.*

Ce script a été modifié. Il est adapté au cas particulier de ce papa.
Vous pouvez l'adapter au contexte.

Nous allons, dans ce script, beaucoup utiliser les répétitions.
Je vais reprendre les deux parties préalables à savoir le positionnement
et les truismes.

*Je vous invite à vous installer confortablement sur une chaise ou
dans un fauteuil — mettez vos deux pieds bien à plat sur le sol — les
deux mains sur vos jambes. Je vous invite à maintenir une bonne
tonicité des muscles de votre dos et de votre cou pour vous sentir
confortable et pour bien maintenir votre tête.*
*Prenez une bonne respiration, videz doucement et tranquillement
vos poumons, puis inspirez doucement, le plus naturellement possible.
N'essayez pas de modifier votre respiration, laissez-la se ralentir seule,
naturellement, au fur et à mesure que se déroule cette séance.
Et alors que vous êtes là et que vous écoutez le son de ma voix qui
vous accompagne dans ce travail particulier, vous pouvez laisser
une sensation de confort et de bien-être s'installer progressivement.
Il est possible qu'une de vos mains devienne plus légère sans que
vous ne sachiez laquelle ce sera. Laissez faire, vous n'avez rien à
faire, rien à faire d'autre que d'écouter le son de ma voix. Même si
vous n'écoutez pas le son de ma voix, une partie de vous va
entendre, c'est la partie inconsciente. Votre conscient peut faire une*

chose alors que votre inconscient, lui peut faire totalement autre chose. Votre conscient peut écouter ce qui se passe autour de vous, votre conscient peut penser à quelque chose, alors que votre inconscient, lui, va s'intéresser à ce qui est vraiment essentiel pour vous.

Des images peuvent apparaître, laissez-les venir (1). Vous pouvez par exemple repenser à ce souvenir agréable (2) dont vous m'avez parlé. Vous êtes dans la salle de classe de votre enfant qui est à côté de vous — en face de vous, il y a son enseignant — vous êtes heureux (3), c'est la première fois que vous avez la possibilité d'assister à un rendez-vous scolaire. Vous voyez autour de vous, la décoration (4) sur les murs, des supports pédagogiques (4). Vous voyez les autres tables (4), les autres chaises (4) des élèves. La température est agréable. Vous entendez le bruit des élèves qui jouent dans la cour de récréation. Vous sentez la présence de votre fils qui est heureux (3) et fier (3) que vous soyez là. C'est un moment particulièrement important pour vous et pour lui — on peut même dire magique. Vous entendez l'instituteur qui fait des compliments sur le comportement de votre fils et sur ses notes qui se sont améliorées depuis quelques mois — votre fierté (3) augmente. <u>Vous avez fait tout ce qu'il fallait pour</u> (5) que votre fils soit heureux, <u>vous avez fait tout ce qu'il fallait pour</u> qu'il y ait de l'amour entre vous, votre fils et votre fille. <u>Vous avez tout fait pour que vos enfants</u> soient fiers d'eux et de vous... Tout ? Non, (6) vous savez qu'il y a une ombre au tableau, un nuage gris, ou plutôt un nuage de fumée. <u>Vous savez que fumer nuit gravement</u> (5) à votre famille, <u>vous savez que fumer nuit gravement</u> à votre santé, <u>vous savez que fumer nuit gravement</u> (5) aux finances de la famille. Vous vous demandez ce que deviendraient vos enfants si vous veniez à tomber malade, <u>vous pensez à</u> (5) la catastrophe que cela produirait si vous n'étiez plus là, si vous mouriez (7), <u>vous pensez au</u> (5) désert affectif (9) dans lequel ils seraient. Pensez aux cauchemars qui les réveilleront en pleine nuit, pleurant leur papa décédé. <u>Vous ne voulez pas</u> (5) les abandonner seul sans défense dans ce monde. <u>Vous ne voulez pas de cela</u> (5), non vraiment, <u>vous ne voulez pas cela. Vous décidez</u> d'arrêter de fumer, <u>vous décidez</u> (5) (8) de ne pas laisser cette plante vous tuer, même à petit feu, <u>vous décidez</u> (8) de ne pas priver (10) vos *enfants de leur papa. <u>Vous savez que</u> ça ne sera pas facile, <u>vous savez que</u> vous allez devoir lutter — mais vous ne céderez pas. <u>Chaque fois que</u> l'envie de fumer vous revient, <u>chaque fois</u> vous repensez à tout cela. <u>Chaque fois que</u> le risque sera là alors vous déciderez de relire ce message que je vous adresse, <u>chaque fois</u>, vous écoutez à nouveau la vidéo sur cette séance. Vous savez quelle est la récompense, vous savez que la récompense (10) c'est le visage (10) de vos deux enfants que vous aimez et qui vous aiment (10), le visage de vos deux enfants qui sont fiers de vous (10), et vous les entendez au détour d'une conversation dire avec fierté : « Mon papa a arrêté de fumer ». Votre décision est prise, dès la fin de cette séance, vous allez mettre votre paquet de cigarettes aux toilettes et tirer la chasse d'eau. Vous êtes décidé. Chaque fois que vous serez tenté, vous verrez le visage de vos enfants.*

3) Le papa fumeur qui voulait être un exemple. <u>Explications du script.</u>

(1) Transition vers le souvenir agréable.

(2) Rappelons qu'il a été choisi pour entraîner la sécrétion d'ocytocine, le neurotransmetteur de l'amour et de l'attachement.

(3) L'accompagnement doit être <u>émotionnel</u>. Le fait de voir les images, entendre les sons... va produire des émotions (le neurotransmetteur des émotions joyeuses est la dopamine). Nous allons accentuer les émotions.

(4) Le fait de décrire l'environnement permet à la personne de s'associer à la scène — il va la vivre comme s'il y était.

(5) Nous allons faire une série de répétitions (anaphore) souvent par trois comme un tricolon (liberté, égalité, fraternité ou plus vite, plus haut, plus fort, l'ancienne devise olympique.)

(6) On bascule dans un autre registre.

(7) Nous sommes dans le pathos et pourtant nous sommes bien dans la réalité (70 000 morts en France chaque année).

(8) On veut par : « vous décidez » induire du volontarisme.

(9) Pierre a la fibre paternelle sur laquelle nous allons travailler.

(10) Nous passons à une nouvelle étape... les effets bénéfiques.

4) Le papa fumeur qui voulait être un exemple. La séance complète d'hypnose N°9.

Séance d'hypnose complète : Scanner le QR code. Avant d'écouter la séance, nous vous recommandons **d'écouter le script correspondant.**
*Nous vous recommandons de **vous abonner à la chaîne** YouTube pour être informé des modifications et des **nouvelles vidéos**.*

~

Troisième partie.

Annexe.

Il n'est pas envisageable de développer ici les techniques d'hypnose. J'ai écrit un livre de 620 pages sur ce sujet. Nous abordons ici de manière très succincte quelques points pourtant importants. Je vous renvoie pour plus de connaissances au livre :

Références complètes à la fin de cet ouvrage.

Stop au tabac grâce à l'hypnose et autohypnose. - Docteur Robert Larsonneur.

1. Qu'est-ce que l'hypnose ?

L'utilisation de l'hypnose est très ancienne. Les première traces d'utilisation de l'hypnose remontent à -6000 ans chez les Sumériens. Les mots utilisés bien évidemment n'étaient ni « hypnose » ni « État modifié de la conscience », mais plutôt d'états seconds.

Le mot hypnose vient du grec Hypnos : dieu du sommeil dans la mythologie grecque (frère de Thanatos). La paternité du terme hypnose est attribuée à James Braid (1795-1860) et parfois au baron Étienne Félix d'Hénin de Cuvillers (1755-1841), dans son livre : « Le magnétisme éclairé », il y décrit le magnétisme en matière de croyances et de suggestibilité.

En médecine, la racine grecque hypnose* est utilisée pour qualifier ce qui est en rapport avec le sommeil.

L'hypnose est-elle une discipline, une méthode, un art, une science ? Peut-être tout cela en même temps. C'est une approche complémentaire.

L'hypnose est la voie royale d'<u>accès à l'inconscient</u>, elle permet de « murmurer à l'oreille » de l'inconscient.

L'inconscient est le « grand patron », c'est le poste de commandement.

<u>Il n'y a pas d'hypnose sans suggestions</u>. L'habileté du praticien n'est pas de mettre le sujet en transe hypnotique, mais d'établir une communication** positive avec l'inconscient avec des suggestions pertinentes. Sans suggestions, on parle de relaxation.

<u>L'induction</u> permet de mettre le sujet en transe hypnotique.

La transe hypnotique est un état de <u>suggestibilité augmenté</u>.

*• *L'hypnologie ou somnologie : spécialité médicale qui a pour objet la physiologie et les pathologies liées au sommeil. La spécialité a été reconnue par le conseil de l'ordre des médecins en 2003.*
• L'hypnologue est le praticien spécialisé en hypnologie.
• Un hypnotique est un médicament qui induit le sommeil (somnifère).
*** Milton Erickson, thérapeute de génie, était considéré comme le Mozart de la communication.*

2. Les différentes étapes d'une séance d'hypnose.

• <u>La relation</u>.
Il est indispensable de créer une relation de respect, de confiance et de sécurité ou, mieux encore, une alliance thérapeutique. En autohypnose, il s'agit d'avoir confiance en sa capacité à dérouler une séance.

• <u>Le questionnement</u>.
Les questions portent sur ce qui amène la personne, ici l'arrêt du tabac. Certaines personnes souhaitent ralentir, ça ne peut-être qu'une étape transitoire qui entre dans une stratégie de sevrage progressif. La séance débute dès le questionnement avec l'hypnose conversationnelle.

• <u>Les explications et le cadrage</u>.
Beaucoup de personnes sont stressées par l'hypnose. Il est important de les rassurer en démystifiant l'hypnose et en expliquant ce qui va se passer.

• <u>La relaxation d'inspiration hypnotique</u>.
On utilise le Bodyscan (voir le script). Phase facultative, je la recommande chez les sujets anxieux et chez les résistants.

• <u>L'induction</u>.
Il existe de nombreuses manières de mettre une personne en hypnose. Dans le cadre de l'hypnose thérapeutique, la meilleure façon de procéder est celle qui va entraîner la production de dopamine (neurotransmetteur du bonheur). La dopamine favorise le changement.

• <u>La phase de travail</u>.
Phase de suggestibilité augmentée. Les suggestions doivent être intelligemment proposées. Une séance d'hypnose sans suggestions n'est pas de l'hypnose, mais de la relaxation.

• <u>La sortie de transe</u>.
Durant cette courte étape, nous allons consolider les suggestions.

• <u>La fin de séance</u>.
Étape particulièrement importante, le travail réalisé précédemment ne doit pas être anéanti. On utilisera des métaphores, des analogies. C'est aussi le moment de donner de l'espoir, l'espoir ouvre la porte du changement.

3. Les suggestions.

« Sans suggestions, l'hypnose est au mieux de la relaxation. »

<u>Il n'y a pas d'hypnose thérapeutique sans suggestions.</u>
Les suggestions ne sont pas propres à l'hypnose... dans la vie courante, on peut suggérer à quelqu'un de dire ou de faire quelque chose... lui faire une suggestion.

Les suggestions doivent être acceptées par l'inconscient (<u>acceptation</u>) pour pouvoir se réaliser (<u>réalisation</u>).

Une suggestion non acceptée pourra soit être inopérante, soit être éphémère, soit encore pourra être à l'origine de désordres.

1) Définition générale selon le Larousse.
• Action de suggérer d'inspirer une idée, une pensée : Recourir à la suggestion plutôt qu'à l'explication.
• Ce qui est suggéré sans être imposé : « Ce que je vous dis est une simple suggestion ».
• Technique psychique reposant sur la croyance qu'une personne peut influencer, par la parole, un état affectif ou une conduite. (L'hypnose repose sur la suggestion et est utilisée dans un but à visée thérapeutique, elle attend de la suggestion qu'elle soit assez puissante pour entraver les manifestations d'une cause : le symptôme).

2) Un peu de poésie.
Victor Hugo (1802-1885) :
« La suggestion consiste à faire dans l'esprit des autres une petite incision où l'on met une idée à soi ».

3) Pour Milton Erickson.
Le patient, ou plutôt son inconscient reste maître de la situation.

Une suggestion utilise le potentiel de chaque patient, elle ne peut pas imposer quelque chose d'inacceptable pour le sujet : la maxime de Milton Erickson : *« C'est le patient qui fait la thérapie ».*

Selon Milton Erickson.
« La transe est l'état dans lequel l'apprentissage et l'ouverture au changement peuvent se produire le plus aisément.

Elle ne relève pas d'un état somnolent induit. Les patients ne sont pas mis sous l'influence du thérapeute, ni dépossédés de leur contrôle et placés sous la dépendance d'autrui. La transe, en réalité, est un état naturel que nous avons tous expérimenté ».

4) Suggestibilité.
Facilité ou non à accepter des suggestions (hypnotiques ou non).

Tout ce que nous faisons se déroule en deux étapes :
- <u>L'acceptation</u> : par exemple, une personne accepte d'arrêter de fumer.

- <u>La réalisation</u> : la personne fait, elle réalise ce qu'elle a accepté de faire.

• <u>Milton Erickson en 1932</u> : « L'acceptation de la suggestion n'est pas augmentée sous hypnose. »

• <u>Jean Godin en 1991,</u> va dans ce sens et ajoute : « Si la suggestion est acceptée, la réalisation sera alors augmentée avec l'hypnose. »

Si le patient verrouille son système, nous ne pouvons pas forcer la porte.

5) Quelques types de suggestion.
• <u>Suggestions directes</u> :
« Vos paupières sont lourdes. »

• <u>Suggestions indirectes</u> :
Elles utilisent l'imagination du sujet ainsi que son système de référence : *« On peut en faire des choses quand on est deux… »*
Les métaphores sont un exemple connu de suggestions indirectes.

• <u>Les métaphores et les analogies.</u>
Métaphores : histoires plus ou moins longues dont la chose suggérée est souvent dissimulée. De nombreux contes sont métaphoriques.
Analogie : *« J'ai un ami qui, comme vous, a commencé à fumer à 13 ans et qui, comme, vous a fumé pendant près de 20 ans et qui, aujourd'hui, ne fume plus du tout. »*

• <u>Les suggestions par questionnement.</u>
— Préfères-tu ranger ta chambre ce matin ou en début d'après-midi ? Suggère que la personne va ranger sa chambre, c'est aussi une illusion de choix.

• <u>Suggestions par dissociation</u>.
— *Si votre main décide de monter, laissez-la faire.*

• <u>Suggestions permissives</u>.
Elles laissent au sujet la liberté de faire ou pas. Ce choix est souvent apparent. On utilise des formulations comme : *« vous pouvez »*, *« il se peut que »*, *« peut-être »*.
Vous pouvez peut-être ressentir une différence entre votre main droite et votre main gauche, ou l'inverse à moins que ce ne soit les deux en même temps ou aucune des deux.
On commence par une suggestion permissive et on poursuit par de la <u>confusion</u>.

• <u>Suggestions post-hypnotiques</u>.
Pendant la séance d'hypnose, on donne une suggestion qui sera exécutée après la séance.
— *La prochaine fois que vous prendrez une cigarette, vous éprouverez un profond dégoût.*
—*Lors de la prochaine séance, vous entrerez encore plus facilement en hypnose.*

Conclusion.

Vous ne pouvez pas être certain que la suggestion proposée sera acceptée, vous pouvez cependant la présenter habilement pour augmenter ses chances d'être retenue par l'inconscient. À l'instar du marchand de légumes qui ne sait pas si tel ou tel chaland va s'arrêter à son étal, ni même s'il achète, ce qu'il va acheter. Cependant, en présentant bien ses fruits et légumes, il augmente ses chances de vendre [ceci est une métaphore].
Il existe un très grand nombre de types de suggestions, je vous renvoie à mon livre d'hypnose : Hypnose ericksonienne, hypnose elmanienne et nouvelle hypnose (620 pages).

~

4. Hypnose conversationnelle.

On a souvent défini l'hypnose conversationnelle comme une hypnose sans transe, opinion que je ne partage pas.
Nous sommes toujours plus ou moins en transe*... sauf lorsque nous sommes en hypervigilance.

• Dans une conversation lorsque vous êtes captivant, lorsque vous focalisez l'attention de votre interlocuteur, celui-ci est dans un état particulier de la conscience qui est une transe hypnotique.
La fascination qu'exercent certains orateurs sur une foule met les personnes dans un état de transe.
Évidemment, ce type de transe est différent de celui que nous obtenons en séance d'hypnose.

Je définirai plutôt l'hypnose conversationnelle intentionnelle comme :
« Une conversation au cours de laquelle on utilise tous les outils propres à l'hypnose et notamment la fixation de l'attention. Le sujet se déconnecte de son environnement, il est dans un état particulier de la conscience. Sa réceptivité aux suggestions est alors augmentée ».

** Lorsque je fixe mon attention sur ce que j'écris, j'expérimente une forme de transe... j'entends beaucoup moins les bruits extérieurs, mon attention est orientée vers l'intérieur.*

~

5. La méthode Coué.

*« L'autosuggestion n'est pas autre chose que l'<u>hypnotisme tel que
je le comprends</u> et que je définis par ces simples mots :
Influence de l'<u>imagination</u> sur l'être moral et l'être physique. »*
Émile Coué

1° Visualisation mentale et répétition.
La méthode Coué comporte deux aspects : **la visualisation mentale** et la répétition. Le deuxième point a pris très nettement le dessus dans la connaissance que les personnes ont de la méthode — c'est pourtant, et de loin, l'aspect le plus secondaire... en tout cas dans l'esprit d'Émile Coué (1857-1926).

« Ce n'est pas la volonté qui nous fait agir, mais l'imagination. »
Émile Coué

*« L'imagination l'emporte toujours sur la volonté,
selon le carré de la volonté »*
Émile Coué

Les neurosciences confirment la puissance de la visualisation mentale.

2° Émile Coué et l'autohypnose.
J'adhère à la vision d'Émile Coué concernant la force de l'autosuggestion.
On retrouve ce concept de manière transversale en psychologie.
On peut faire référence à la loi de l'attraction, aux prophéties* autoréalisatrices, l'effet pygmalion ou l'effet Rosenthal...

« La maîtrise de soi-même par l'autosuggestion consciente. »
Titre du livre d'Émile Coué.

Si Émile Coué affirmait que sa méthode n'est pas de l'hypnose, c'est probablement parce que l'hypnose de l'époque** n'avait rien à voir avec celle d'aujourd'hui.

**Six élèves choisis au hasard dans une classe sont déclarés de façon totalement aléatoire comme ayant un QI élevé. À la fin de l'année scolaire, ces six élèves obtiennent de meilleurs résultats que les autres.*

Stop au tabac grâce à l'hypnose et autohypnose. - Docteur Robert Larsonneur.

Conclusion.

Émile Coué était un praticien, il a soigné... jusqu'à l'épuisement un grand nombre de patients — son approche pragmatique est construite à partir de son expérience clinique.

La visualisation positive est la clé de la santé et la clé de la réussite — à ce titre, elle est très utilisée dans le domaine sportif.

Émile Coué était un génie — il a mis en avant des notions comme l'imagination et la répétition avant même de pouvoir s'appuyer sur des découvertes qui viendront beaucoup plus tard.

La méthode que je vous propose avec ce livre est pour une large part basée sur la visualisation mentale.

~

6. Les effets secondaires de l'arrêt du tabac.

1) Prise de poids.
Il est fréquent que le sevrage tabagique se traduise par une prise de poids.

• <u>Mécanisme de compensation.</u>
Le cerveau privé de dopamine cherche à s'en procurer d'une autre manière. Le sucre est addictif, des expériences chez le rat ont montré qu'entre la cocaïne et le sucre, les rats préfèrent la cocaïne.

• <u>Fumer augmente la dépense énergétique.</u>
Fumer entraîne une consommation d'environ 200 kcal. Il est donc souhaitable de réduire sa consommation calorique, ce qui rentre en opposition avec ce que nous avons vu dans le paragraphe précédent.

• <u>Perturbation des mécanismes régulateurs de l'appétit.</u>
Deux substances régulent notre appétit : la <u>ghréline</u> (qui donne faim) et la <u>leptine</u> (qui coupe l'appétit substance de la satiété).
Les personnes qui cessent de fumer ont une augmentation de la ghréline.

D'autres phénomènes interviennent comme une modification de la flore intestinale. Pour équilibrer votre flore, mangez des légumes, des yaourts (nature) et du fromage.

Conclusion.
Une prise de poids peut survenir lors du sevrage tabagique.
Il faut l'anticiper, soit en consultant une diététicienne. Soit en veillant à ne pas augmenter l'alimentation. Vous pouvez déjà supprimer les sucres rapides et l'alcool.

2) Irascibilité.
Ce n'est pas constant, mais ça peut arriver, elle disparaît progressivement en 2 à 4 semaines.
<u>La première chose à faire est d'en prendre conscience.</u>
La mauvaise humeur est souvent la conséquence de la baisse de la dopamine.
<u>Activité physique.</u>
La baisse de dopamine peut être compensée par une activité sportive, qui, de plus, se traduira par une augmentation de l'endorphine (morphine naturelle), sous réserve que cette activité dure plus de

vingt minutes. Surtout, comme nous l'avons vu précédemment, ne compensez pas par le sucre.

C'est peut-être le moment pour vous d'avoir un vrai programme santé : sommeil, alimentation, activité — j'ai écrit trois livres sur ce sujet : voir à la fin de cet ouvrage.

<u>Il peut être utile de pratiquer des techniques de relaxation.</u>
Vous pouvez tout simplement écouter les scripts du livre en scannant les QR codes.

<u>Faites-vous plaisir.</u>
Vous pouvez en profiter pour prendre des vacances, partir en week-end, commencer un bon livre, voir des amis...

<u>Faites-vous aider par des amis.</u>
Dites à vos amis que vous êtes en plein sevrage tabagique. Excusez-vous auprès d'eux, soyez sincères.

<u>Évitez le plus possible tout ce qui est de nature à vous irriter, à vous stresser.</u>

Partez plus tôt au travail pour ne pas être stressé pour arriver à l'heure. Évitez, autant que possible, les personnes qui en général vous irritent.

<u>Substituts nicotiniques.</u>
Dans certains cas, ils peuvent être utiles, malheureusement ils vous privent de combattre l'addiction à la nicotine.

<u>Anxiolytiques.</u>
Dans les cas extrêmes, en cas d'irritabilité sévère, fort heureusement rare, votre médecin peut vous prescrire un anxiolytique pour passer ce cap difficile. ATTENTION : jamais d'automédication en général et pour ce type de médicaments tout particulièrement.

Techniques de détente.

N'utilisez pas ces techniques en conduisant, elles peuvent induire de la somnolence.

Les hypnothérapeutes peuvent enseigner ces techniques, elles sont très simples et efficaces. Elles ne requièrent aucune compétence particulière.

1° <u>Techniques courtes rapides.</u>

• <u>Première technique courte.</u>

Poser le doigt sur une surface plane (table, bureau, jambe) et déplacer-le très lentement, si lentement que ce soit à peine visible à l'œil nu — essayez malgré tout de voir le déplacement. En même temps, centrez-vous sur votre respiration sans essayer de la modifier, éviter simplement les apnées. Vous allez voir votre respiration se ralentir sans rien faire... surtout en ne faisant rien pour cela. Restez toujours fixé sur votre doigt, en le déplaçant très lentement, presque imperceptiblement. Maintenant, centrez-vous sur votre visage, laissez votre visage devenir lisse, déplissez chaque muscle. Vous allez avoir la sensation que votre visage devient lisse comme une mer d'huile, comme le visage d'un enfant avant qu'il ne glisse dans le sommeil, vous êtes toujours en même temps centré sur votre respiration, vous êtes en même temps centré sur votre doigt qui bougent imperceptiblement.

• <u>Deuxième technique courte.</u>

Mini BodyScan.

Posez vos pieds bien à plat sur le sol et concentrez-vous sur le contact de vos pieds sur le sol. Concentrez-vous le contact de vos pieds dans les chaussures pendant dix secondes. Maintenant, concentrez-vous sur ces sensations avec votre pied droit pendant environ dix secondes, puis faites de même de même pendant dix secondes sur votre pied gauche. Ensuite, faites la même chose en vous concentrant sur vos talons : le droit, le gauche, puis sur vos orteils, à droite, à gauche. En même temps, centrez-vous sur votre respiration, n'essayez pas de la ralentir*, elle va ralentir* d'elle-même, observez simplement ce ralentissement*, cette fluidité de l'air qui entre et sort de vos poumons.

** On utilise volontairement des répétitions.*

1° <u>Technique longue.</u>

Je vous invite à vous installer confortablement, les deux pieds posés sur le sol. Les mains sur les genoux, le dos bien droit pour que la cage thoracique soit bien ouverte. Vous pouvez laisser vos paupières se fermer toutes seules, si elles ne le font pas, vous allez les y aider.

Faites comme si vos paupières étaient lourdes, très lourdes, faites comme si vous tentiez d'ouvrir vos paupières et que vous n'y arrivez même pas, faites comme si vos paupières sont de plus en plus lourdes, faite comme si elles étaient collées avec de la colle à paupière. Vous allez vous centrer sur votre respiration sans essayer de la ralentir, juste ne pas faire d'apnée. Vous allez vous centrer sur l'air qui rentre et sort par vos narines comme si vous sentiez une sorte de petit vent. Il est possible que votre respiration devienne plus fluide, si c'est le cas, vous la laissez devenir plus fluide en même temps, vous ne faites rien pour cela, cela doit se faire naturellement sans intervention de votre part. En fait, vous n'avez rien à faire, vous devez même ne rien faire. Ce n'est pas la respiration qui va créer cet état de relaxation, c'est la relaxation qui va fluidifier votre respiration. N'essayez pas de ralentir votre rythme cardiaque, bien que nous puissions le faire, vous allez tout simplement imaginer que votre cœur bat calme et fort — peu importe quel est votre rythme cardiaque, imaginez simplement qu'il bat calme et fort. Quand je dis imaginez, je veux dire : voyez-le, vous avez déjà vu des images de cœurs, vous avez même déjà vu dans des films des cœurs battre, imaginez le vôtre. Imaginez également le son que fait votre cœur, imaginez le son du cœur perçu par un fœtus dans le ventre de sa maman, c'est un son très rassurant. Vous allez maintenant vous centrer sur vos mains, peut-être y a-t-il une main qui est différente de l'autre — Est-ce que c'est la chaleur ? Est-ce que c'est un léger fourmillement. Si vous les sentez identiques, faites comme si une des deux était différente. Imaginez par exemple qu'une de vos mains est plus légère, imaginez qu'une de vos mains est si légère qu'elle a envie de se décoller de votre genou, elle est si légère qu'elle commence à monter... imperceptiblement, alors vous laissez faire, vous laissez cette main monter dixième de millimètre par dixième de millimètre. Si votre main ne monte pas, aidez là tout doucement et centrez-vous sur sa progression.

FIN

Du même auteur.

1° Autoformation à la PNL — 2ème édition.

2° Formation PNL, niveau I — Tome 1 : Les bases de la PNL, l'art de la communication et de la relation humaine.

3° Formation à la PNL, niveau I — Tome 2 : Transformez votre vie avec la PNL.

4° Formation à la PNL niveau II : La gestion des émotions.

5° Formation à la PNL niveau III : Réparer son passé avec la PNL.

6° Hypnose ericksonienne, hypnose elmanienne, nouvelle hypnose (620 pages).

7° Rester jeune et même rajeunir et rester en bonne santé (551 pages).

8° Perdez du poids sans jamais en reprendre avec la nutrition et le mental.

9° Un roman : SOLEME

10° Développez votre estime et votre confiance en vous. La clé de votre épanouissement.

11° L'art de la communication, au cœur de la relation, au cœur d'une vie heureuse.

12° La sérénité enfin retrouvée pour une relation enfant/parents apaisée.

13° Retrouvez le sommeil. Techniques et méthodes pour un sommeil de qualité.

14° Aide-toi et prends les rênes de ta vie. Le livre du développement personnel.

15° Stop au tabac grâce à l'hypnose et l'autohypnose.

Accès au site du
Dr Robert Larsonneur

Chaîne YOUTUBE

~

Informations
et commande
(sur AMAZON)

L'art de la communication et de la relation humaine.
Les bases de la PNL.

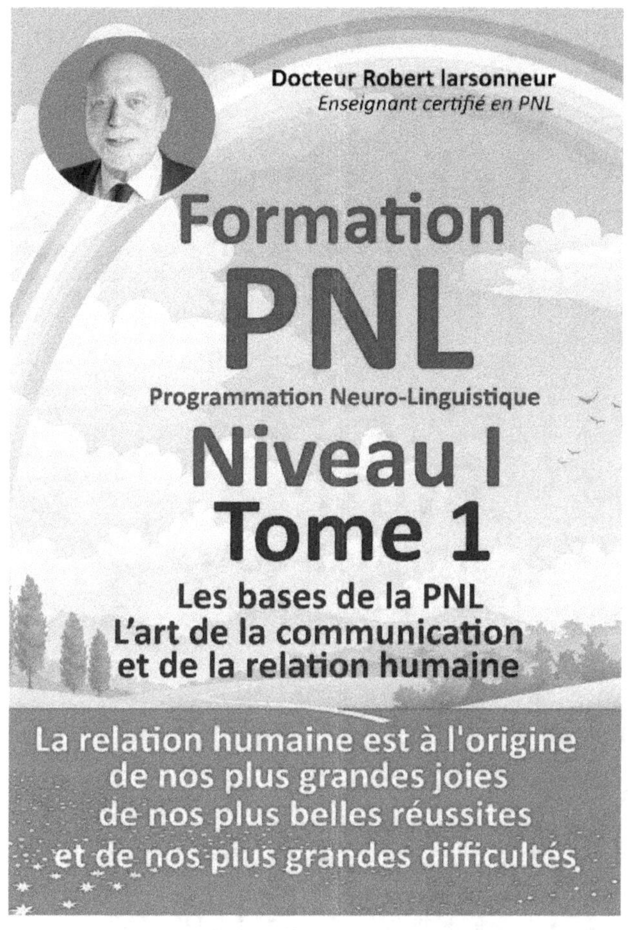

Informations
et commande
(sur AMAZON)

Informations
et commande
(sur AMAZON)

Informations
et commande
(sur AMAZON)

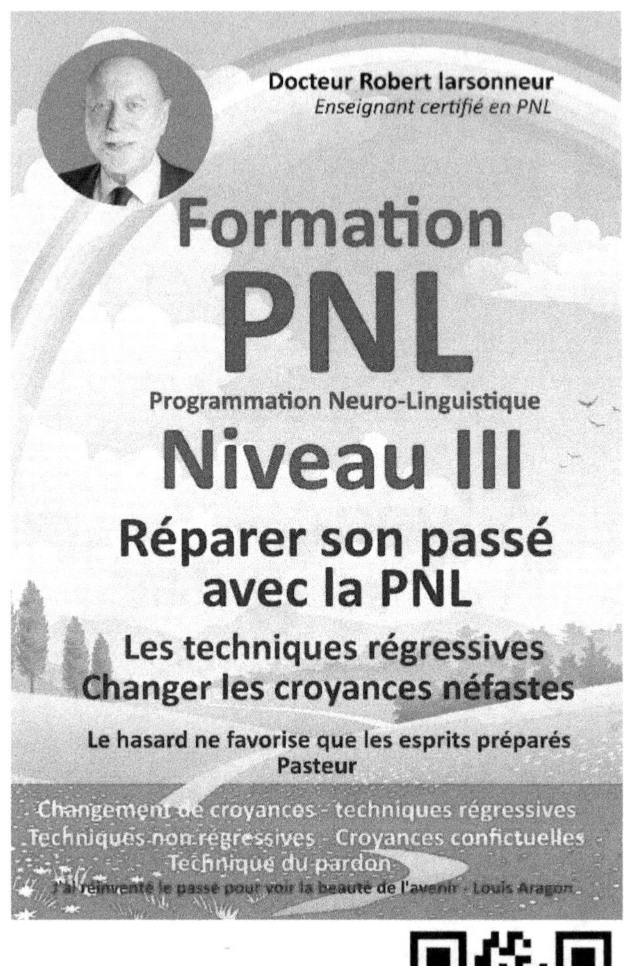

Informations
et commande
(sur AMAZON)

Informations
et commande
(sur AMAZON)

Informations
et commande
(sur AMAZON)

Stop au tabac grâce à l'hypnose et autohypnose. - Docteur Robert Larsonneur.

Informations
et commande
(sur AMAZON)

Dr Robert Larsonneur

L'ART DE LA COMMUNICATION

AU CŒUR DE LA RELATION

AU CŒUR D'UNE VIE HEUREUSE

NOS PLUS GRANDES JOIES,
NOS PLUS GRANDES DIFFICULTÉS

COUPLE - FAMILLE - AMIS - RELATIONS
TRAVAIL - SANTÉ - VENTE - SPORT

ÉDITIONS LARSON

PNL OU PROGRAMMATION NEURO-LINGUISTIQUE

HYPNOSE CONVERSTIONNELLE

ANALYSE TRANSACTIONNELLE

COMMUNICATION NON VIOLENTE

NEUROSCIENCES - PSYCHOPATOLOGIE

Informations
et commande
(sur AMAZON)

Stop au tabac grâce à l'hypnose et autohypnose. - Docteur Robert Larsonneur.

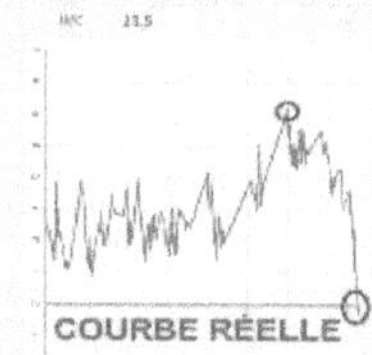

Informations
et commande
(sur AMAZON)

Informations
et commande
(sur AMAZON)

Informations
et commande

Informations et commande

XIV — Formation — coaching — hypnose.

J'organise des formations en PNL, en hypnose et sur divers autres sujets.
J'accompagne également des personnes en hypnose et en coaching.
Pour plus d'informations, scannez le QR code :

XV — Retrouvez-moi sur YouTube.

Découvrez de **nombreuses vidéos sur la PNL** (Lexique), sur **l'hypnose**.

XVI — Retrouvez-moi sur Instagram, LinkedIn, Facebook.

XVII — Inscrivez-vous à la Newsletter.

Inscription.
Il vous suffit de noter votre adresse
e-mail.

XVIII — Formation vidéo en ligne.

Formations vidéo en ligne (VIVOVOJO).
Docteur Robert Larsonneur et Noémie Kleiber.
Enseignants en hypnose.

Formation : Praticien en hypnose.

• 33 vidéos en qualité HD.
• 33 documents pédagogiques.

Pour commander
La formation
Praticien en hypnose

Nous ne commercialisons pas ces formations.
Nous avons réalisé ces formations. Elles ont été admirablement filmées par VIVOVOJO qui les commercialise.

~